Hermann Vinke

Gustav Heinemann

Gustav W. Heinemann (23. Juli 1899 bis 7. Juli 1976), der Essener Rechtsanwalt, schloß sich 1933 der Bekennenden Kirche an. Als Christ leistete er aktiven Widerstand gegen das »Dritte Reich«. Nach dem Krieg bekleidete er in der Evangelischen Kirche hohe Ämter.
1945 trat er der CDU bei, war von 1946 bis 1949 Oberbürgermeister Essens und 1947/48 gleichzeitig Justizminister Nordrhein-Westfalens. 1949 wurde er im Kabinett Adenauer erster Bundesinnenminister, trat jedoch am 9. Oktober 1950 von diesem Amt zurück – aus Protest gegen die Wiederbewaffnungspolitik des Bundeskanzlers. Heinemann verließ die CDU. Es folgten »meine APO-Jahre«, wie er sagte, bevor er Mitglied der SPD und später in der Großen Koalition Justizminister wurde. Am 5. März 1969 wählte ihn die Bundesversammlung zum Bundespräsidenten. Dieses Amt hatte er vom 1. Juli 1969 bis zum 30. Juni 1974 inne.
Heinrich Böll nannte ihn einen »Radikalen im öffentlichen Dienst«. Für die einen war er ein »unbequemer«, für andere der »Bürger-Präsident«. Willy Brandt sagte über ihn, er sei ein »überzeugungstreuer und gerechter Mann«; er verkörpere »das politische Gewissen unseres Vaterlandes«. Und Helmut Gollwitzer meinte, Heinemann habe nie die Fähigkeit verloren, die Welt von unten her anzuschauen: »Er sah die Welt nicht als Aufsteiger, der das Unten vergessen hat.« Hermann Vinke erinnert mit seiner Biographie an einen großen Politiker der deutschen Nachkriegsgeschichte.

Das Buch wird herausgegeben von der Gustav-Heinemann-Initiative. Nähere Informationen über diese auf Seite 188.

Hermann Vinke

Gustav Heinemann

herausgegeben von der
Gustav-Heinemann-Initiative

Lamuv Taschenbuch 44

CIP-Kurztitelaufnahme der Deutschen Bibliothek
Vinke, Hermann:
Gustav Heinemann/Hermann Vinke [Hrsg. von Gustav-Heinemann-Initiative] –
Bornheim-Merten : Lamuv Verlag, 1986.
(Lamuv Taschenbuch ; 44)
ISBN 3-88977-046-0

Für Barbara Lange-Vinke

1. Auflage, Februar 1986
Lamuv Verlag, Martinstraße 7, D-5303 Bornheim 3

Umschlagentwurf: Gerhard Steidl unter Verwendung eines Fotos des Archivs für soziale Demokratie der Friedrich-Ebert-Stiftung, Bonn
Gesamtherstellung: Steidl, Göttingen
ISBN 3-88977-046-0

Inhaltsverzeichnis

Der Sohn eines Aufsteigers

Schlachtfeste gehörten in der nordhessischen Kleinstadt Eschwege zu den Ereignissen, auf die man sich schon Wochen vorher freute. Nicht nur, weil es endlich wieder einmal satt Fleisch zu essen gab. Das Drumherum war mindestens genauso wichtig. Nachbarn und Verwandte halfen beim Zerteilen und Wursten. Oft wurde bis in die Nacht hinein gegessen, getrunken und gefeiert. Nicht selten wankte der eigens angeheuerte Hausschlachter nach getaner Arbeit zu später Stunde angeheitert nach Hause.

Hausschlachtungen, das war in Eschwege vor allem Sache der Familie Heinemann gewesen. Seit Generationen hatten Söhne immer wieder das Metzgerhandwerk erlernt und damit ihren Lebensunterhalt verdient. Und wenn alles «normal» verlaufen wäre, dann hätte auch Otto Heinemann, der Vater von Gustav Heinemann, diesen Beruf ausgeübt.

Otto Heinemann, 1864 in Eschwege geboren, erlebte als Kind entbehrungsreiche Jahre. Butter und Marmelade waren zu Hause so gut wie unbekannt. Das selbstgebackene Brot wurde mit einem Gemisch aus Rübenöl und Nierenfett bestrichen. Kinderarbeit, damals in den Fabriken der Großstädte nicht unüblich, brauchte Otto Heinemann zwar nicht zu leisten, aber er mußte der Mutter bei der Feldarbeit helfen. Die Familie hatte etwas Land gepachtet; ein Teil wurde mit Tabak bepflanzt. Der Verkauf der getrockneten Blätter besserte die Haushaltskasse etwas auf.

Die Eltern hatten ihr eigenes, baufälliges Wohnhaus verkaufen und zu den Großeltern mütterlicherseits ziehen müssen, die in Eschwege eine Tischlerei betrieben. Der Vater durfte sich auf dem mit Steinen gepflasterten Hausflur eine Ecke zum Schlachten einrichten. Zusammen mit einem anderen Metzger schlachtete der Vater meistens einmal wöchentlich ein Stück Vieh. Dienstags und freitags holte die Mutter bei der Kundschaft die Bestellungen ein, mittwochs und sonnabends wurde das bestellte Fleisch ausgeliefert – ein überaus mühsames und wenig rentables Geschäft. Statt wie andere Metzger einen eigenen Laden einzurichten, verlegte sich Schlachter Heinemann mehr und mehr auf Hausschlachtungen, die zwar mit mancherlei Geselligkeit verbunden waren, jedoch kaum Geld einbrachten.

Für Otto Heinemann stand schon früh fest, daß er Schlachtermesser und Knochensäge gar nicht erst anfassen würde. Er besuchte zunächst die Volksschule in Eschwege. Da diese Schule nur sechs Klassen hatte, die Schulzeit jedoch acht Jahre füllen mußte, durchlief er die sechste Klasse gleich dreimal. Bei ihm brauchten die Lehrer nicht mit Ohrfeigen und Stockschlägen, den damals gebräuchlichen «Erziehungsmethoden», nachzuhelfen. Er lernte schnell, bei der ersten Wiederholung wußte er das meiste bereits auswendig, bei der zweiten langweilte er sich nur noch.

Durch einen Nachbarn, den Sanitätsrat Höfling – ein belesener Mann, der den Text des Studentenliedes *‹O alte Burschen-Herrlichkeit›* schrieb – lernte er, daß handwerkliche Arbeit nicht die einzige Möglichkeit war, den Kampf um das tägliche Brot zu bestehen. Von ihm erfuhr der Junge zum erstenmal, daß es im damaligen Preußen neben vielen Armen und Mittellosen auch einige wenige Reiche gab. Der häufige und von den Eltern geduldete Besuch bei der Nachbarsfamilie wurde Otto Heinemanns eigentliche Lehrzeit.

Vorstellung im Turnanzug

So bewarb sich Otto Heinemann nach dem Volksschulabschluß um eine Lehrstelle bei der Steuerkasse des Landkreises Eschwege – mit Erfolg. Geld verdiente er in den ersten beiden Lehrjahren noch nicht. Erst im dritten Ausbildungsjahr gab es zehn Mark monatlich, die er regelmäßig bei der Mutter ablieferte. Der tägliche Umgang mit Formularen und Zahlenkolonnen sollte für Otto Heinemann der Ausgangspunkt einer beruflichen Karriere werden, die nicht allein durch preußische Tugenden wie Ordnung und Sparsamkeit bedingt war, sondern auch durch seine Zielstrebigkeit und seinen nüchternen Verstand. Wenn schon nicht die ganze Welt, so wollte er doch wenigstens seine eigene Welt verändern, und dabei hatte er Erfolg.

Als er – inzwischen 28 Jahre alt – bereits auf dem Wege war, Leiter der Sparkasse Eschwege zu werden, hörte Otto Heinemann davon, daß die Industriestadt Schwelm in Westfalen einen Kontrolleur für die Spar- und Stadtkasse suchte. Zu seinem Bereich gehörte die Aufsicht über alle Sparvorgänge – eine interessante und wichtige Aufgabe also. Heinemann schickte ein Bewerbungsschreiben. Die für einen solchen Posten damals erforderliche Kaution in Höhe von 5000 Mark hatte er längst erspart. Zum Vorstellungstermin präsentierte er sich den Stadtverordneten im Turnanzug, weil zur gleichen Zeit in Göttingen ein Turnerfest stattfand, an dem Heinemann teilnahm. Die Stadtväter waren nicht nur von seinem sportlichen Aufzug, sondern auch von seinem beruflichen Können angetan und gaben ihm die Kontrolleursstelle zu einem Anfangsgehalt von 2400 Mark jährlich.

In Schwelm nahm Otto Heinemanns Leidenschaft für das Turnen für heutige Maßstäbe beinahe komische Formen an. Fast jede Gelegenheit nutzte er zur körperlichen Ertüchtigung, auch Pausen im Büro. Auf den Sportplätzen ergaben sich nicht selten Kontakte zu einflußreichen Leuten der aufstrebenden Industriestadt am Rande des Ruhrgebiets.

Die Arbeit eines Sparkassenkontrolleurs brachte es auch mit sich, daß Otto Heinemann häufig unterwegs war. Dabei lernte er anläßlich eines Wohltätigkeitsbazars in Barmen seine spätere Frau kennen: Johanna Walter, eine von sechs Töchtern des Dachdeckermeisters Gustav Walter aus Barmen, der damals noch selbständigen Stadt, die heute zu Wuppertal gehört.

Ein Jahr nach ihrer ersten Begegnung, am 27. Oktober 1898, heirateten die beiden. Der junge Ehemann legte Wert auf eine richtige Hochzeitsreise. So fuhr das frischvermählte Paar in die Schweiz

und nach Italien. Otto Heinemann hatte das armselige Eschwege endgültig hinter sich gelassen, auch wenn er immer wieder in die Kleinstadt zurückkehrte, um seine Mutter zu besuchen – sein Vater, der Metzger Friedrich Carl Heinemann, war bereits 1881 im Alter von 43 Jahren an «Schwindsucht», wie die Arme-Leute-Krankheit Tuberkulose genannt wurde, gestorben.
Beruflich wie privat war es also mit der Zukunft Otto Heinemanns aufs beste bestellt. Sogar sein Wunsch nach einem Sohn ging schnell in Erfüllung: Am 23. Juli 1899 wurde in Schwelm Gustav Walter Heinemann geboren.

Nur noch 1. Klasse

Auch der nächste berufliche Erfolg ließ nicht lange auf sich warten. Als die Firma Krupp in Essen, Deutschlands führendes Unternehmen im Bereich der Stahlverarbeitung und der Rüstungsproduktion, die Stelle eines Assistenten des Büros für Arbeiterangelegenheiten ausschrieb, war Otto Heinemann einer von 266 Bewerbern. Vier davon kamen in die engere Auswahl. Der Sparkassenkontrolleur aus Schwelm bekam den Posten zu respektablen Bedingungen: 5500 Mark Jahresgehalt, Pensionsberechtigung, nach einem Jahr fester Dienstvertrag. Ab 15. Dezember 1900 gehörte Otto Heinemann zu den 27300 Belegschaftsmitgliedern des Unternehmers Friedrich Alfred Krupp (1854–1902). Die Familie wechselte von Schwelm in die Ruhrmetropole über, wo bald ein ansehnliches eigenes Wohnhaus entstand.
Zehn Jahre später hatte sich der Schlachtersohn aus Eschwege schon so weit in der Krupp-Hierarchie emporgearbeitet, daß er nur noch die erste Wagenklasse der Eisenbahn benutzen durfte. Er war inzwischen Leiter des Büros für Arbeiterangelegenheiten, das für alle Personalfragen der Krupp-Belegschaft zuständig war, von der Einstellung bis zur Entlassung. Der einflußreiche Posten verschaffte ihm Macht über viele Menschen, die Heinemann loyal im Interesse der Firma, gleichzeitig aber mit einem Sinn für Gerech-

tigkeit gegenüber der Belegschaft ausübte. Allmorgendlich vergewisserte er sich, ob die ihm direkt unterstellten Mitarbeiter auch pünktlich zur Stelle waren, und selten bekam er Grund zur Klage. Am Ende seines Lebens stellte er mit Genugtuung fest: «Überhaupt ging durch das Kruppsche Werk, die größte Waffenschmiede Deutschlands, ein militärischer Zug.»
Zu dem «militärischen Zug» gehörte eine beinahe soldatische Rangordnung. Die Arbeiter bildeten als unterste Schicht das Fußvolk unter den Angestellten und den «Industrie-Beamten», wie die Führungsschicht genannt wurde, zu der Otto Heinemann zählte. Zu dessen Aufgaben gehörte es auch, sich um die Gesundheit der Arbeiter zu kümmern. Trotz mancher wegweisender Maßnahmen des Krupp-Konzerns im Sozialbereich ruinierten viele Beschäftigte durch Schichtdienst und Zwölf-Stunden-Tag schon nach wenigen Jahren ihre Gesundheit. Heinemann sorgte mit dafür, daß im Krankheitsfall die Angehörigen nicht ohne Unterstützung blieben. Auf seine Initiative hin wurde der rheinisch-westfälische Betriebskrankenkassenverband gegründet, der Vorläufer einer entsprechenden Organisation auf Reichsebene, deren Geschäftsführung er nebenamtlich übernahm.
Im Jahre 1912 nahm Otto Heinemann für seine Verdienste aus der Hand des von ihm wenig geschätzten Kaisers Wilhelm II. den Preußischen Kronenorden IV. Klasse entgegen. Spätestens zu diesem Zeitpunkt war er ein geachteter und gemachter Mann, der seiner Familie ein geordnetes Zuhause bieten konnte in einer Zeit, die schon bald aus den Fugen geraten sollte.

Großvater, der Revolutionär

Gustav Walter – diese beiden Vornamen seines ersten Sohnes waren zunächst nicht mehr gewesen als eine Verbeugung Otto Heinemanns vor seinem Schwiegervater. Der Dachdeckermeister Gustav Walter war eine außergewöhnliche Persönlichkeit, der sich kaum jemand entziehen konnte. In Barmen führte er einen gutgehenden Dachdecker- und Klempnerbetrieb, der Aufträge im weiteren Umkreis, gelegentlich sogar hoch im Norden, zum Beispiel in Wyk auf Föhr, erledigte und der für seine Zuverlässigkeit bekannt war. Als Chef eines Handwerksbetriebes behandelte Walter seine Leute gut. Die älteren Gesellen beteiligte er am Geschäft, so daß er selber Zeit für andere Dinge hatte. Aber wenn es sein mußte, schwang er sich mit aufs Dach und fügte selber Ziegel an Ziegel.

Wichtiger als der Betrieb und das Geldverdienen waren ihm seine politischen Vorstellungen. Gustav Walter gehörte dem Stadtrat von Barmen an. Er war Mitglied der Freisinnigen Demokraten, einer Partei mit liberalen und sozialreformerischen Ideen, die gegen den Einfluß der Kirche und für die Abschaffung der Monarchie kämpfte. Das Eintreten für die Republik hatte in der Familie Walter Tradition. Der Vater von Gustav Walter, Jakob Walter, kämpfte mit seinen Brüdern Carl und Friedrich bei der Revolution im Jahre 1848 auf den Barrikaden in Elberfeld. Gustav Walter hatte die 48er Revolution selber nicht bewußt miterlebt. Er war 1848 gerade erst sechs Jahre alt. Aber als junger Mann vertrat er die gleichen revolutionären Ansichten wie sein Vater. Er schloß sich dem italienischen Revolutionär Giuseppe Garibaldi an, der in der zweiten Hälfte des 19. Jahrhunderts auf der Apennin-Halbinsel kirchliche und weltliche Unterdrücker bekämpfte und vom Volk als Freiheitsheld verehrt wurde.

Wenn Gustav Heinemann Jahrzehnte später als Politiker von seiner «48er Gesinnung» sprach, dann meinte er diesen revolutionären Schwung seines Großvaters, auf dessen Schoß er jenes derbe *‹Hecker-Lied›* gelernt hat, das er gern zitierte:

«Er hängt an keinem Baume,
Er hängt an keinem Strick,
Er hängt nur an dem Traume
Der schwarz-rot-goldenen Republik.»

Der Frankfurter Dichter Wilhelm Sauerwein widmete diese Zeilen dem Anführer der Aufständischen in Baden, dem aus Mannheim stammenden Rechtsanwalt Friedrich Hecker. Schwarz-rot-gold, das waren die Farben der Republikaner, zu denen Gustav Walter zeit seines Lebens gehörte.

Das politische Glaubensbekenntnis seines Schwiegersohnes Otto Heinemann sah etwas anders aus. Unter seinen Vorfahren in Eschwege hatte es auch Aufsässige gegeben. Von einem wird berichtet, er habe 1848 auf dem Marktplatz in Eschwege mit der schwarz-rot-goldenen Fahne demonstriert. Ein anderer soll sich in der Napoleonischen Zeit gegen die Obrigkeit gestellt haben. Zwei berittene Gendarme hätten ihn in ihre Mitte genommen und zu Fuß von Eschwege nach Kassel laufen lassen, wo er eine Zeitlang hinter Gittern sitzen mußte. Otto Heinemann übte ebenfalls für eine freisinnige Partei ein Stadtverordneten-Mandat aus. In seinen Erinnerungen, die nach seinem Tod 1969 unter dem Titel ‹*Kronenorden vierter Klasse*› – eine Anspielung auf die kaiserliche Auszeichnung – erschienen, definierte er seine politische Überzeugung jedoch so: «Deutsch sein und national sein, mein Vaterland über alles; sozial fühlen, denken und handeln; gleiche Rechte und Pflichten für alle.»

Politische Übereinstimmung zwischen Schwiegervater und Schwiegersohn gab es in einer Reihe von Punkten. So war er sich zum Beispiel mit seinem Schwiegervater in der Abneigung gegen den Kaiser einig. Wilhelm II. mit seinem unkontrollierten Ehrgeiz und seiner ungebremsten Eitelkeit verachtete er aus tiefstem Herzen. In seinem Lebensbericht bekennt er an einer Stelle freimütig, er habe ihn richtig gehaßt. Aber zweifelsohne dachte Gustav Walter in den entscheidenden Fragen der damaligen Zeit radikaler und fortschrittlicher als Otto Heinemann. Und gewiß hat der Großvater seinen Enkel Gustav Heinemann am nachhaltigsten beeinflußt.

Schach per Postkarte

In der Erinnerung des späteren Bundespräsidenten nahm Gustav Walter einen festen Platz ein: «Großvater Walter war ein sehr gepflegter Herr mit weißem Vollbart. Er sang gern und spielte Schach. Im Eßzimmer stand ständig ein Spiel, das er mit einem nach Diez an der Lahn verzogenen Freund in täglichem Postkartenwechsel spielte. Ich wurde einer seiner Schachlehrlinge. Als kleinen Buben nahm er mich gern auf den Schoß, um mir seine goldene Uhr mit dem Sprungdeckel zu zeigen. Er sagte mir dann, sie solle später einmal mir gehören, wenn er nicht mehr lebe. Als ich ihn daraufhin eines Tages fragte: ‹Opa, wann stirbst du denn?›, war er recht betroffen und führte mir die Uhr lange Zeit nicht mehr vor.»

Der Betrieb des Großvaters in Barmen war für den Jungen ein einziger Abenteuer-Spielplatz. Zum dreistöckigen Wohnhaus gehörte noch ein Hof mit Pferdestall. Das Pferd Leo, das schon in die Jahre gekommen war und keine Feldarbeit mehr zu leisten brauchte, ließ alles mit sich anstellen. Nur selten vertrieb der Großvater die Kinder vom Lagerplatz, wo Dachpfannen, Fenster, Rohre und Bleche leicht zu Unfällen führen konnten. Am liebsten aber mochte es Gustav Heinemann, wenn sein Großvater von den Reisen erzählte, die er nach Amerika, Afrika, in den Nahen Osten und nach Spanien unternommen hatte. Sogar von spannenden Ballonfahrten wußte er zu berichten.

Der Tod von Gustav Walter im November 1912 hat den 13jährigen Gustav Heinemann getroffen wie kein anderes Erlebnis seiner Kindheit. Noch Jahrzehnte später kannte er Umstände und Einzelheiten. Ein Jahr nach der Beerdigung schrieb der Vierzehnjährige ein Gedicht:

Zur Erinnerung an meinen Großvater

Wieder bricht die Wunde auf,
Die der Tod uns einst geschlagen.
Grausam ist des Schicksals Lauf.
Und vergeblich wir uns fragen:
Warum mußtest Du denn leiden
Und so bald von hinnen scheiden?

Kurz nur war des Glückes Stund,
Gar zu bald war aus die Freude,
Hat der Tod getrennt den Bund,
Der so froh vereint uns beide.
Ach, kommst Du denn gar nicht wieder?
Bleiben leblos Deine Glieder?

Ja – der Tod hat Dich genommen,
Und Du kannst nie wiederkommen.

Die Zeilen dieses Gedichtes sind noch voll vom Schmerz über den Verlust eines Freundes, der zufällig sein Großvater war. Mit seinen Träumen, seinem Fernweh und seiner Hoffnung auf eine bessere Welt war Gustav Walter immer auch ein Junge geblieben, der nach vorn in die Zukunft dachte.

Wer wagt, gewinnt

Zu Hause wurde Gustav Heinemann nur «Tüpp» genannt. «Tüpp» war der ganze Stolz seines Vaters, der später über seinen Sohn schrieb, dieser sei schon als kleiner Junge «ein hübsches und besonders liebes Kerlchen» gewesen. Otto Heinemann kam es darauf an, seinen Sohn und später dessen zwei Geschwister auf den «Lebenskampf» vorzubereiten. Seine Erziehungsmethoden entsprachen der eigenen Lebenserfahrung: Nur wer etwas wagt und vorwärts strebt, gewinnt auch etwas. So versprach er dem Jungen für die erste eingeworfene Fensterscheibe einen Taler, den Gustav Heinemann sich bald verdient hatte. Wenn der Sohn sich scheute, einen ihm fremden Menschen aufzusuchen, ermunterte der Vater ihn: «Geh nur hin und sprich ganz ruhig mit ihm. Er ist auch nur ein Mensch wie du!» Kam es zu einer Prügelei auf der Straße, riet Otto Heinemann: «Wehr dich! Aber komm nur nicht nach Hause gelaufen.» Vorankommen, es zu etwas bringen – das war der Lebensinhalt des Vaters, den er auch seinem Sohn möglichst früh vermitteln wollte. Dazu gehörten seiner Ansicht nach Sparsamkeit und die richtige Einstellung zu Geld.

Zuneigung und Verständnis erfuhr der Junge in erster Linie von seiner Mutter. Johanna Heinemann war eine unternehmungslustige Frau, die oft die häusliche Wohnung auf den Kopf stellte, mit den Kindern am liebsten Zirkusveranstaltungen besuchte und Karneval feierte. Ihr lebhaftes Temperament wurde allerdings gebremst durch Asthma-Anfälle, die im luftverpesteten Ruhrgebiet vielen Menschen zu schaffen machten, und durch eine Augenkrankheit, die sie ihrem Sohn Gustav vererbte. Sie litt unter einer Netzhautablösung, für die die Medizin damals noch keine erfolgreichen Behandlungsmethoden besaß. Im Laufe der Jahre führte dieses Leiden zur völligen Erblindung.

Alles in allem verlebte Gustav Heinemann in seinem Elternhaus an der Krawehlstraße in Essen eine sorgenfreie Kindheit und Jugend. Christentum und Glaube spielten in dieser Zeit nur am Rande eine Rolle. Er war zwar konfirmiert worden, aber auf regelmäßigen Besuch von Gottesdiensten oder den Kontakt mit dem Gemeindepfarrer legten die Eltern keinen Wert.

«Widder nix gelernt»

Im April des Jahres 1906 brachte Gustav Heinemann sein erstes Zeugnis von der Evangelischen Volksschule in Essen-Rüttenscheid nach Hause. Neben den allgemeinen Bewertungen seiner Leistun-

gen enthielt es eine Ermahnung an die Adresse der Eltern: «So wie die Lehrer mit allem Fleiße Euer Kind anhalten, Euch zu ehren und zu lieben, so wollet auch Ihr von ihm Gehorsam und willige Folgsamkeit gegen seine Lehrer fordern.» An Folgsamkeit ließ es nämlich der Junge gelegentlich fehlen, weil ihn der Unterricht oft langweilte. Bezeichnend ist dafür eine kleine Begebenheit, die Johanna Heinemann im Gedächtnis behielt. Eines Tages kam «Tüpp» von der Schule nach Hause und erklärte der Mutter zornig: «Widder nix gelernt, nix als e und i schreiben.»
Die Zensuren, die er in seinem Zeugnis am Ende der zweiten Klasse erhielt, lassen auf anhaltende Lustlosigkeit schließen: Ordnungsliebe drei; Kopfrechnen drei bis vier; Gesang vier; Lesen vier. Anmerkung des zuständigen Lehrers: «Gustav muß fleißiger lesen.» Erst in der dritten Klasse besserte sich der Notendurchschnitt und pendelte sich bei «gut» ein. Die Aufnahmeprüfung für den Besuch des Essener Goethe-Gymnasiums im März 1909 bereitete jedenfalls keine Schwierigkeiten. Aber mit Freude und Begeisterung ging er auch in den folgenden Jahren nicht zur Schule.

«Laß auch mich zum Mann geraten, Vater . . .»

Die Jahre am Goethe-Gymnasium waren für Gustav Heinemann mit häufigen Demütigungen und seelischen Niederlagen verbunden. Mit seinem ausgeprägten Gerechtigkeitssinn – ein Erbteil seines Vaters – eckte er in der Schule immer wieder an. Manchmal wehrte er sich mit Widerworten, aber meistens steckte er die Demütigungen der Lehrer schweigend ein. Sie saßen in jedem Fall am längeren Hebel, nicht nur im übertragenen Sinn, der Knüppel war noch immer ein «Lehrmittel». Keine selbständig denkenden Menschen zogen sie heran, sondern Untertanen, die auf Kommando so reagierten, wie die Obrigkeit es sich wünschte.
Ein Teil des Unterrichts bestand in der Verherrlichung des Krieges, jener «heroischen Aufgabe», zu der Kaiser Wilhelm II. sein Volk bald aufrufen würde. Nach monatelanger psychologischer

und militärischer Vorbereitung war es im Sommer 1914 soweit. Gustav Heinemann verbrachte gerade seine Ferien bei der Großmutter in Barmen, als im August 1914 die ersten Schüsse fielen und der Erste Weltkrieg begann. Mit Staunen beobachtete er, wie die Bevölkerung auf dieses Ereignis reagierte. In den Straßen der Stadt sammelten sich Tausende von begeisterten Menschen. Manche konnten es kaum abwarten, die Befehle der Militärs zum Abmarsch entgegenzunehmen.

Zweifel an einem schnellen Sieg der Deutschen über Rußland und Frankreich – gegen diese beiden Länder richteten sich die ersten militärischen Vorstöße – kamen niemandem, natürlich auch nicht dem Gymnasiasten Heinemann, der von der allgemeinen Begeisterung mitgerissen wurde. In seinen Erinnerungen, die er als erwachsener Mann in den sechziger Jahren niederlegte und die im Archiv der Friedrich-Ebert-Stiftung in Bonn-Bad Godesberg aufbewahrt werden, hat er einige Eindrücke aus jenen aufregenden Sommertagen des Jahres 1914 festgehalten:

«Wo immer in den folgenden Tagen ein Transportzug mit Soldaten passierte, war die allseitige Begeisterung groß. Blumen und übermütige Beschriftungen schmückten die Waggons: ‹Hier werden noch Kriegserklärungen angenommen.› ‹Jeder Stoß ein Franzos, jeder Schuß ein Ruß.›»

In der Schule füllte die Beschäftigung mit dem Kriegsgeschehen manche Unterrichtsstunde. Wer die Aufsätze des Gymnasiasten Heinemann nachliest, erfährt, wie groß der Einfluß der Lehrer war. Im Herbst 1914 schreibt der Fünfzehnjährige einige Gedichte. Die Zeilen spiegeln seine Empfindungen und Gedanken wider, die erfüllt sind von dem Getöse auf den Schlachtfeldern und dem Wunsch mitzukämpfen. In einem Gedicht heißt es:

Laß auch mich zum Mann geraten,
Vater! Warum darf ich nicht?
Während meine Brüder streiten,
Tapfer Schmerz und Tod erleiden . . .
Kaum laß ich mich hier noch halten,
Möchte auch die Feind zerspalten.

Gustav Heinemann 1915

Trauerspiel in fünf Aufzügen

In den letzten Jahren am Goethe-Gymnasium schrieb Gustav Heinemann immer häufiger seine Gedanken und Empfindungen nieder. Nur ein kleiner Teil der Gedichte und anderer Texte ist erhalten geblieben. In ihnen spürt der Leser bei mancher Holprigkeit bereits eine Fähigkeit, die später Gustav Heinemann so sehr auszeichnete: die Klarheit seiner Sprache, was auf eine Klarheit der Gedanken schließen läßt. Er formulierte so, daß jeder ihn verstehen konnte.

Im Frühjahr 1916 entstand sogar ein richtiges Drama: ‹*Konradin, der letzte Hohenstaufe. Trauerspiel in fünf Aufzügen*›, eine germanisierte Tragödie mit viel Schlachtengetümmel und tragischer Verstrickung. Im letzten Akt wendet sich Richter Leone wortgewaltig gegen König Karl von Anjou, der Konradin zum Tode verurteilt sehen will: «Nie wird es mich reuen, der Wahrheit und dem Recht den Mund geliehen zu haben. Bringt mich nur durch rohe Gewalt zum Schweigen! Recht bleibt Recht! Vor dem Stuhle des Richters, der auch Euch einst fordert, werdet Ihr mich hören müssen!»

Heinemann hielt das Stück zwar unter Verschluß und schrieb sich in Ermangelung anderer Kritiker eine «Selbstkritik». Doch schließlich erlebte es nach 55 Jahren seine Premiere. Mitsamt seinen vom Autor festgestellten Mängeln wurde es einem völlig verdutzten Bundespräsidenten zu dessen 72. Geburtstag in Bonn vorgeführt. ‹*Konradin, der letzte Hohenstaufe*› erschien allen Beteiligten als ein jedenfalls spielbares Stück. Nur Heinemann hatte noch immer Bedenken.

Soldat mit Notabitur

Wie andere Gymnasiasten zog es auch Gustav Heinemann in den Jahren des Ersten Weltkrieges aufs Schlachtfeld. Aber er mußte sich zunächst mit gelegentlichen militärischen Übungen begnügen.

Im Frühsommer 1917 – Heinemann war noch keine 18 Jahre alt – führten die Lehrer seine Klasse geschlossen und erfolgreich durch das Notabitur. Auf Zensuren kam es jetzt nicht mehr an. Das Vaterland brauchte Soldaten.
Bevor sich Gustav Heinemann von seinen Eltern und den Freunden in Essen verabschiedete, revanchierte er sich für die «vielen Stunden der Mißachtung und Unterdrückung», die die Lehrer ihm am Gymnasium bereitet hatten. Die ideale Gelegenheit dazu bot sich bei einem zufälligen Aufenthalt in der Schreibstube des Bezirkskommandos Essen, wo ein Vetter von ihm Gestellungsbefehle ausfüllte. Blitzschnell erkannte Gustav Heinemann die Chance, nahm zwei Formulare an sich und trug die Namen von zwei Lehrern ein, die ihm besonders verhaßt waren. Die Papiere lieferte er so rechtzeitig bei der Post ab, daß sie am folgenden Sonnabend bei den beiden Adressaten eintrafen, die sich dann über das Wochenende für den auf Montag ausgeschriebenen Gestellungsbefehl einrichten konnten.
Das Manöver klappte. «Die Herren Lehrer traten am Montag pflichtgemäß im Bezirkskommando an, ausgerüstet mit der berühmten Pappschachtel, zwecks Abmarsches in die Kaserne.» Genauso hatte Gustav Heinemann sich das vorgestellt. Niemand konnte mit den beiden etwas anfangen. Erst als sich das Ganze als ein Schülerstreich entpuppt hatte, legte sich die Aufregung wieder. Gustav Heinemann empfand mehr als Genugtuung – und sein Vater lobte ihn ausdrücklich.

400 Skatspiele pro Tag

Am 20. Juni 1917 wurden von Essen aus 120 Rekruten nach Münster zum Feldartillerie-Regiment 22 in Marsch gesetzt. Einer von ihnen war Gustav Heinemann. Die Vorgesetzten in der Kaserne in Münster musterten die ankommende Truppe skeptisch, denn einige der Neuankömmlinge waren eher Kinder denn Erwachsene. Vom Fronteinsatz wurde in den ersten Wochen und Monaten kaum gesprochen. Zunächst einmal mußten die jungen Leute den militärischen Drill lernen. Und bald zeigte es sich, daß der Kasernenalltag keineswegs so romantisch war, wie sich die neuen Soldaten ihn erträumt hatten.

Überhaupt hatte die allgemeine Kriegsbegeisterung im Sommer und Herbst 1917 merklich nachgelassen und einer Ernüchterung Platz gemacht, die den Rekruten nicht verborgen blieb. Heinemann hörte von mörderischen Schlachten und schweren Verlusten, was seinen Drang zur Front merklich verringerte. Daß überall die Lebensmittel knapp wurden und der Hunger sich auszubreiten begann, spürte er am täglichen Speiseplan. Auf den Postkarten, die er von Münster aus den Eltern oder der Schwester Lore nach Essen schickte, war denn auch nur noch von den Schwierigkeiten des Rekruten-Daseins die Rede, von der Ausgeh-Uniform, die hauptsächlich aus Flicken bestand, und von den Anraunzern der Vorgesetzten: «Sie blödes Roß, Ihr Bett sieht aus wie die Revolution in Rußland, so ein Durcheinander.»

Schon nach vier Wochen erreichte Gustav Heinemanns militärische Laufbahn ihren ersten und einzigen Höhepunkt, als er es zum besten Richtkanonier seiner Batterie brachte. Danach ging eigentlich alles nur noch bergab. Zunächst erkrankte er an einer schweren Grippe, die sich zu einer Herzklappenentzündung ausweitete. Wochen über Wochen mußte er im Garnisonslazarett und anschließend im Erholungsheim für Soldaten verbringen. Die Patienten vertrieben sich die Zeit hauptsächlich mit Skatkloppen. 400 bis 500 Spiele pro Tag – darauf belief sich der Schnitt.

Nach dem langwierigen Genesungsprozeß meldete sich Heinemann in der Kaserne zurück. Doch schon einige Tage später fühlte er sich erneut elend und suchte den Arzt auf. Der Militär-Mediziner stellte eine Diphtherie fest und schickte ihn wieder ins Lazarett. Zu der Diphtherie kam zu allem Unglück bald noch eine Rippenfellentzündung. Der Rekrut Heinemann war somit den ganzen Winter 1917/18 über nicht einsatzfähig. Die schlechte Ernährung – monatelang gab es nur Steckrüben – und der Aufenthalt in ungeheizten Räumen trugen dazu bei, daß die Gesundung auch diesmal

Monate dauerte.
Erst Anfang Juli 1918 überstellten ihn die Militärbehörden der Firma Krupp in Essen für Kriegshilfsdienste, nachdem sie eingesehen hatten, daß er für den Frontdienst noch zu schwach war. Da bei Krupp sein Vater schließlich an einflußreicher Stelle arbeitete, erhielt er nicht den schlechtesten Posten. In der Revision wurde noch jemand gebraucht. Gustav Heinemann fand sich dort schnell zurecht. Er lernte zum erstenmal kaufmännisches Rechnen und Schreiben und regelte zusammen mit anderen freigestellten Soldaten den Einkauf von Lebensmitteln für die Werksküche der Krupp-Betriebe.
Im November 1918 mußte er sich einer Nachuntersuchung stellen, die ihm den Stempel «Garnisonsverwendungsfähig Feld» eintrug, was soviel bedeutete wie: tauglich für die Front. Aber daraus wurde nichts mehr, denn Deutschland hatte inzwischen den Krieg verloren. Während die Militärärzte noch Rekruten auf ihre Eignung für den Fronteinsatz musterten, war die Niederlage bereits besiegelt. Am 11. November 1918 unterschrieb der Zentrumspolitiker Matthias Erzberger im französischen Compiègne den Waffenstillstandsvertrag, Kaiser Wilhelm II. verließ fluchtartig die Hauptstadt Berlin und ging in das holländische Exil. Das Deutschland, das er zurückließ, war gezeichnet von millionenfachem Leid und unbeschreiblicher Not.

Revolution im Konzertsaal

Der Sturz des Monarchen leitete zugleich den revolutionären Übergang zur ersten deutschen Republik mit der am 11. August 1919 in der Stadt Weimar verabschiedeten Verfassung ein. Ausgelöst wurde diese Revolution in Deutschland durch Arbeiter- und Soldatenräte, die wie beim Matrosenaufstand Anfang November 1918 in Kiel die Befehle ihrer Vorgesetzten mißachteten und das Kommando über Kriegsschiffe und Kasernen übernahmen.
Die Revolution oder jedenfalls ein kleiner Teil davon ereilte den

19jährigen Rekruten Gustav Heinemann im Konzertsaal. Seine Mutter hatte ihn gebeten, sie zu einem Abendkonzert im Essener Saalbau zu begleiten. Klassische Musik gehörte zu den Abwechselungen, die sie sich wünschte, seitdem die Augenkrankheit schlimmer wurde. Mitten in die Musik platzte ein Trupp revolutionärer Soldaten, die aufgeregt durch die Sitzreihen liefen und den anwesenden Offizieren die Schulterstücke herunterrissen. Der Zwischenfall dauerte nur wenige Minuten, und niemand kam letztlich dabei zu Schaden, abgesehen von den Uniformen. Als die Unruhe sich wieder gelegt hatte, gab der Dirigent das Zeichen zum Weiterspielen. Gustav Heinemann hatte für den Rest des Abends Mühe, sich auf die Musik zu konzentrieren. Er gehörte zwar nicht zu den Revolutionären, aber er mußte daran denken, was der Großvater ihm über die 48er Revolution erzählt hatte.

Ein Jahr nach dem Vorfall im Essener Konzertsaal, am 30. Dezember 1919, notierte der 20jährige in seinem Tagebuch: «Besonders gern beschäftige ich mich mit der 48er Revolution. Ich stöbere Zeitungen und Flugblätter aus dieser Zeit durch. Auch habe ich von Großmutter Walter einige Briefe von zwei Brüdern meines Urgroßvaters Walter bekommen . . . Friedrich Walter berichtet von seiner Auswanderung nach Amerika. Er fühlt sich nicht mehr sicher in seinem Vaterland und erzählt, wie ihn deutsche Landsleute unterstützt hätten, ‹weil er für die Freiheit gefochten hätte›. Für Einheit und Freiheit, für Republik und Demokratie! Ich werde an Euch denken.» Für Einheit und Freiheit, für Republik und Demokratie – das politische Glaubensbekenntnis Gustav Heinemanns sollte sich höchstens noch in seinen Ausformungen, nicht aber mehr im Inhalt ändern.

Student in Münster und Marburg

Mit der Einheit des Deutschen Reiches stand es in den Jahren nach dem Ersten Weltkrieg nicht zum Besten. Die Sozialdemokraten kanalisierten die revolutionären Strömungen und besorgten mit den Resten der soeben geschlagenen Armee das große Aufräumen. Aufstände in Berlin und anderswo wurden unter dem ungeliebten sozialdemokratischen Verteidigungsminister Gustav Noske blutig niedergeschlagen. Das vergrößerte die innere Zerrissenheit. Die maßlosen Reparationslasten, welche die Alliierten der jungen Republik mit dem Versailler Vertrag vom 28. Juni 1919 aufbürdeten, gaben jenen konservativen Kräften Auftrieb, die der ersten Demokratie auf deutschem Boden – der Weimarer Republik – am liebsten gleich den Todesstoß versetzt hätten.

Die unruhigen Jahre nach Kriegsende erlebte Gustav Heinemann unmittelbar und sehr bewußt, auch wenn er sich in dieser Zeit zielstrebig auf seinen Beruf vorbereitete. Rechtsanwalt wollte er werden. Das hatte er schon als Gymnasiast dem Direktor des Essener Goethe-Gymnasiums unmißverständlich zu verstehen gegeben, als dieser ihn für Griechisch statt für Englisch als dritte Fremdsprache gewinnen wollte. Auf die Frage, weshalb er gerade auf diesen Beruf komme, antwortete er: «Mein Vater ist kein Rechtsanwalt; ich kenne überhaupt keinen Rechtsanwalt. Ich stelle mir aber vor, daß ich dann selbständig bin und daß ich dann etwas ausfechten kann.»

So reiste Heinemann noch im Dezember des Jahres 1918 wieder nach Münster, diesesmal nicht als Rekrut, sondern als Student der Rechts- und Staatswissenschaften. Um das Studium von Anfang an nicht schmalspurig zu halten, belegte er auch Vorlesungen in Geschichte und ein Kolleg über den Koran. Als die Lesung über das Heilige Buch des Islam beginnen sollte, stellte sich heraus, daß es unter den Studenten nur einen Interessenten dafür gab: Heinemann. Dennoch hielten er und der Koran-Professor ein Semester lang durch.

In Münster überstand Heinemann – mehr gezwungen als freiwillig – auch seinen ersten öffentlichen Auftritt. Einem Plakat hatte er entnommen, daß einer seiner ehemaligen Lehrer am Essener Goethe-Gymnasium, Studienrat Siemsen, in der Universitätsstadt als Redner der radikalen Unabhängigen Sozialdemokratischen Partei (USPD) auftreten sollte. Er erzählte seinem Vater davon, der ihn dazu verdonnerte, öffentlich gegen den Pädagogen Stellung zu nehmen. Andernfalls brauche er sich zu Hause nicht mehr blicken zu lassen. Otto Heinemann mit seiner nationalen Gesinnung hielt nicht viel von der USPD.

Der Jura-Student erlebte bange Tage und schlaflose Nächte, bis er, als es endlich soweit war, seinen ganzen Mut zusammennahm, ans Podium trat und ein paar Sätze stammelte. Jahrzehnte später beschrieb er jene bangen Minuten: «Nach flüchtiger Begrüßung meines früheren Lehrers war der große Augenblick da, um den sich alles gedreht hatte. Aber nun fing etwas anderes an, sich zu drehen. Die Wände, die Lampen, die Menschen verloren ihre Konturen, jetzt drehte sich überhaupt alles, was da war. Lampenfieber nennt man diese Krankheit. Sie ist nicht gefährlich, kann aber blamabel sein . . . Das war mein erstes öffentliches Auftreten. Aller Anfang ist halt schwer. Inzwischen habe ich mehrere tausend Mal den Weg an die Rednerpulte gehen müssen.»

Heinemann arbeitete schon bald eng mit sozialistischen Studentengruppen und ehemaligen Angehörigen von Arbeiter- und Soldatenräten zusammen. Sein eigener politischer Standort in jenen Jahren läßt sich als linksliberal beschreiben. Er sympathisierte mit der Deutsch-Demokratischen Partei (DDP), die für die Republik eintrat, sich später in Deutsche Staatspartei umbenannte und dann politisch völlig bedeutungslos wurde. Für die DDP organisierte er Wahlversammlungen und hielt Reden, die ihm schon bald so wenig Mühe bereiteten wie die Artikel, die er für die ‹*Hessische Landeszeitung*› schrieb.

Von Münster war Heinemann Mitte des Jahres 1919 nach Marburg übergewechselt. Die kleine Universitätsstadt an der Lahn war also die zweite Station seines Studiums, das ihn in den folgenden Jahren noch nach München, Berlin und Göttingen führen sollte. Aber Marburg wurde die wichtigste Station. Nicht nur, weil er dort seine spätere Frau kennenlernte; in Marburg entstanden Freundschaften, die Jahrzehnte überdauerten: die Freundschaft mit Ernst Lemmer, dem späteren CDU-Bundesminister, der eine Studentengruppe der Deutsch-Demokratischen Partei leitete; mit Wilhelm Röpke, dem Arztsohn aus der Lüneburger Heide, der unter den Nationalsozialisten emigrierte und nach dem Zweiten Weltkrieg ein anerkannter Wirtschaftstheoretiker wurde; mit Viktor Agartz, der einer sozialistischen Studentengruppe vorstand, in den fünfziger Jahren in Spionageverdacht geriet und mit Hilfe von Gustav Heinemann vor dem Bundesgerichtshof in Karlsruhe einen Freispruch erkämpfte; und schließlich mit Henning Duderstadt, der in Marburg der «rote Fähnrich» hieß, weil er sich in Bremen zeitweise einem Soldatenrat angeschlossen hatte.

Gustav Heinemann (4. von links) als 21jähriger Student in Marburg

‹Das Wirtshaus an der Lahn›

Der Riß, der damals durch Deutschland ging, spaltete auch die Studentenschaft in Marburg. Zwei Lager standen sich unversöhnlich gegenüber, das der Republikaner und Demokraten und das der Reaktionäre, die die Demokratie unerbittlich bekämpften. Letztere besaßen in Marburg unter den Studenten und Hochschullehrern eine deutliche Mehrheit. Ihr Wortführer war der Jura-Pro-

fessor Geheimrat Traeger, der bei der Erwähnung des Namens von Matthias Erzberger, Zentrumspolitiker und Unterzeichner des Waffenstillstands von Compiègne am 11. November 1918, unter dem tosenden Beifall der Studenten immer den Versprecher «Herr Erzgaun – Verzeihung, Herr Erzberger» einbaute. Die Morde an Erzberger im Jahr 1921 und 1922 an Außenminister Walther Rathenau, der Entspannung und Ausgleich mit den Siegermächten suchte, wurden in solchen Reden mit vorbereitet.
Republikanisch eingestellte Studenten wie Heinemann und Lemmer setzten sich gegen die Diffamierung demokratischer Politiker zur Wehr. Lemmer machte die Hetztiraden des Jura-Professors auf einem Parteitag der Deutsch-Demokratischen Partei in Berlin publik. Die Folge davon war, daß gegen ihn ein Disziplinarverfahren wegen «unakademischen Verhaltens» eingeleitet wurde. Es wurde beschlossen, ihn von der Universität zu entfernen. Als die Presse von der Sache Wind bekam, brachte der sozialdemokratische *‹Vorwärts›* einen Artikel mit der Überschrift *‹Das Wirtshaus an der Lahn›*, der die Position der fortschrittlichen Studenten stützte. Der zuständige Preußische Kultusminister machte schließlich das Disziplinarurteil gegen Lemmer rückgängig. Gegen Professor Traeger war nicht einmal ein Verfahren eingeleitet worden. Gustav Heinemann später: «Es zeigte sich, wie sehr man uns, die wir zur Weimarer Republik standen, unter Druck hielt . . . Das war die Schwäche der Weimarer Republik, die ihre Feinde schonte, bis sie darüber unterging.»

Kurier während des Kapp-Putsches

Die junge deutsche Demokratie erwies sich in den ersten Jahren ihres Bestehens jedoch nicht nur als wehrlos und schwach. Daß die Demokraten auch zu einem geschlossenen Widerstand fähig waren und durch passive Gegenwehr, nämlich durch einen Generalstreik, den Schlag von rechts abwehren konnten, bewies der Kapp-Putsch am 13. März 1920, ein seit Monaten geplanter Aufstand

rechtsgerichteter Militärs und Politiker unter Leitung des ostpreußischen Landschaftsdirektors Wolfgang Kapp. Zunächst mußten in Berlin jedoch Regierung und Parlament den aufständischen Truppenteilen weichen. Minister und Abgeordnete flohen per Eisenbahn nach Dresden und von dort nach Stuttgart.
Auf dem Weg nach Süddeutschland legte der Sonderzug mit den Politikern – einer der wenigen Züge, die in jenen Tagen in Deutschland überhaupt verkehrten – in Kassel eine Zwischenstation ein. Dort hielt sich seit einigen Tagen der Student Gustav Heinemann auf, der im Auftrag aller republikanischen Organisationen und Parteien in Marburg dem in Kassel residierenden Oberpräsidenten von Hessen, Schwander, eine wichtige schriftliche Mitteilung überbracht hatte. Der Inhalt des Schreibens: Falls in Marburg Studenten eingezogen würden, um die rebellierenden Einheiten beim Putsch gegen die demokratisch gewählte Regierung zu unterstützen, werde es auch dort unverzüglich zum Totalstreik kommen.
Bei seiner nächtlichen Fahrt von Marburg nach Kassel war der Kurier Heinemann zunächst Polizeioffizieren in die Hände geraten, die mit Kapp sympathisierten. Für einen Tag hatten sie ihn in Schutzhaft genommen, doch dann konnte er seine Botschaft überbringen. Da wegen des Generalstreiks an eine Rückfahrt nach Marburg vorerst nicht zu denken war, machte sich der Student in Kassel nützlich. Er verteilte Flugblätter vor den Toren der Henschel-Werke, um die Beschäftigten zur Arbeitsniederlegung zu bewegen, und beteiligte sich an Demonstrationen. Dabei erlebte Heinemann zum erstenmal «Massenbewußtsein und welches Gefühl von Kraft es dem Einzelnen vermitteln» kann.
Ausgestattet mit einer schriftlichen Bestätigung, daß er «im dienstlichen Auftrag der USPD, SPD, Demokraten- und Zentrumspartei Marburg nach Kassel geschickt» worden sei, «um mit dem Oberpräsidenten Dr. Schwander zu verhandeln», begab er sich schließlich zum Bahnhof, um das Eintreffen des Sonderzuges mit den Mitgliedern der Reichsregierung und der Nationalversammlung abzuwarten. Die Streikleitung der Eisenbahner hatte nämlich

das Papier mit dem Zusatz versehen «Parl. Zug bestätigt», und das bedeutete für den Studenten Heinemann eine prominente Mitfahrgelegenheit nach Marburg.
Zu der Delegation, die den Zug erwartete, gehörte der Sozialdemokrat Philipp Scheidemann, der am 9. November 1918 in Berlin die deutsche Republik ausgerufen, im Jahr darauf für einige Monate die Regierungsgeschäfte geführt hatte und jetzt Oberbürgermeister von Kassel war. Als der Sonderzug mit zweistündiger Verspätung eintraf, feierte Scheidemann mit seinen Parteifreunden von der SPD Wiedersehen. Gustav Heinemann und sein Mitkämpfer Ernst Lemmer, der sich ebenfalls in Kassel aufgehalten hatte, schlossen sich an. Erst am späten Abend startete der Sonderzug in Richtung Süddeutschland. In Marburg wurde ein unplanmäßiger Halt eingelegt, damit die beiden Studenten Heinemann und Lemmer aussteigen konnten.

Die ‹Marburger Stadtbrille›

Trotz Studiums und harter politischer Auseinandersetzung blieb noch Zeit für weniger ernste Dinge. So gründete Gustav Heinemann in Marburg zusammen mit seinen Freunden Röpke, Lemmer und Duderstadt eine satirische Zeitschrift mit Phantasiegeschichten über Professoren und stadtbekannte Marburger, die *‹Marburger Stadtbrille›*. Aus Gründen der Geheimhaltung zeichnete eine Bardame aus Lübeck, eine Bekannte des «roten Fähnrich», für das Blatt verantwortlich. Ziel des studentischen Spotts waren besonders die Reaktionäre auf der politischen Gegenseite, allen voran der Geheimrat Traeger. Für ihn und andere Rechte wurden Regierungswechsel erdacht, skurrile Ämter und Posten erfunden. Die *‹Stadtbrille›* war schließlich so bekannt, daß sich einzelne Studentengruppen, die mit der Redaktion nichts zu tun hatten, brüsteten, sie seien die Initiatoren der Studentenzeitschrift. Die erfundenen Geschichten inspirierten die Leser, eigene Erfahrungen und Erlebnisse aufzuschreiben und den Blattmachern zu schicken. Heinemann und seine Freunde richteten für solche Beiträge ein Postfach ein, damit sie ihre Identität nicht preiszugeben brauchten. Die ‹*Stadtbrille*› wurde Tagesgespräch in Hörsälen und Kneipen. Einigen der Karikierten und Attackierten ging das Ganze allerdings zu weit. Sie bemühten den Universitäts- und den Amtsrichter. Diese stellten die Ermittlungen jedoch wieder ein, als sie erfuhren, daß sie sich mit einer «gewissen Dame» aus Lübeck gerichtlich auseinandersetzen sollten.

Zwischenrufer in Hitlers Parteiversammlung

Die Politik holte Gustav Heinemann schon bald wieder ein. Das Sommersemester 1920 verbrachte er in München. Wenige Monate nach dem aufregenden Kapp-Putsch hatte er dort eine Begegnung, die ihn nicht wenig beunruhigte. Am 19. Mai 1920 erlebte er Adolf Hitler auf einer Versammlung in München. Was der spätere NS-Diktator an Haß- und Hetztiraden über die demokratischen Parteien, den Bolschewismus und das Weltjudentum verbreitete, mit welchen demagogischen Mitteln er arbeitete, löste bei Heinemann Entsetzen aus. Er versuchte, seinem Zorn durch einen Zwischenruf Luft zu machen. Doch ehe er es sich versah, packten ihn zwei Ordner und warfen ihn aus dem Saal.
Aus München brachte Heinemann eher pessimistische Gedanken mit. «Der Spannungsbogen von links bis rechts umfaßte jede denkbare Kombination. Hier wollte man Kommunismus und Diktatur, dort Diktatur und Sozialismus, dort Sozialismus und Demokratie, dort Demokratie und freie Wirtschaft, dort freie Wirtschaft und Chauvinismus, dort Chauvinismus und deutschen Faschismus.»
In der weiß-blauen Metropole gab es aber auch erfreuliche Begegnungen, etwa mit Max Weber, nicht nur, weil Weber zu den Mitbegründern der Deutsch-Demokratischen Partei gehörte, sondern weil er ein anerkannter Hochschullehrer war, der neue Wege in der Soziologie beschritt. Auch wenn Heinemann Max Weber nur

einige Wochen an der Universität hören konnte – nach dem Sommersemester 1920 verstarb der 56jährige Wissenschaftler plötzlich –, nahm er aus diesen Vorlesungen wichtige Eindrücke für sein eigenes geistiges Weltbild mit.

Rechtsanwalt in Essen

Von München kehrte Gustav Heinemann nach Marburg zurück, wo er sich besonders auf das Studium der Volkswirtschaft konzentrierte. Bereits 1921 promovierte er zum Dr. rer. pol. Das Thema, das er sich für die Doktorarbeit ausgesucht hatte, entnahm er dem Tätigkeitsfeld seines Vaters: ‹*Die Spartätigkeit der Essener Kruppschen Werksangehörigen unter besonderer Berücksichtigung der Kruppschen Spareinrichtungen.*› Acht Jahre später lieferte Gustav Heinemann seine zweite Doktorarbeit ab, die ihm den akademischen Titel «Dr. jur.» einbrachte.
Das intensive Studium, das politische Engagement, der häufige Ortswechsel – das alles zusammen läßt nicht nur auf Aktivität und Flexibilität schließen, sondern auf eine weitere Eigenschaft Heinemanns, die er vermutlich von seinem Vater übernommen hat und die ihm in seinem späteren Leben sehr zustatten kam: Er konnte verschiedene Dinge zur gleichen Zeit mit großer Intensität verfolgen, ohne sich zu verzetteln.
Nach der ersten Promotion ging Heinemann für ein Semester nach Göttingen, um das etwas vernachlässigte Jura-Studium voranzubringen. Im Winter 1922 hielt er sich wieder in Marburg auf, wo er die erste juristische Staatsprüfung ablegte. Die Stationen seiner Referendarausbildung waren neben Marburg seine Heimatstadt Essen und Berlin. In der Reichshauptstadt absolvierte er im Juni 1926 die zweite juristische Staatsprüfung.
Zu diesem Zeitpunkt hatte Heinemann bereits zwei Angebote für einen beruflichen Einstieg in der Tasche, eins von dem Essener Justizrat Viktor Niemeyer, einem bekannten Strafverteidiger, der Heinemann während dessen Referendarzeit am Landgericht Essen

kennengelernt hatte und ihn unbedingt in seine Anwaltskanzlei holen wollte, ein zweites von der Staatlichen Justizbehörde, die den Assessor mit der Examensnote «gut» sofort zum Richter oder Staatsanwalt machen wollte.
Anfang August 1926 wurde er als Anwalt in Essen zugelassen. Endlich bekam er die Chance, etwas «auszufechten», wie er es sich als Gymnasiast gewünscht hatte. «Ich trat sofort meinen Dienst im Büro Niemeyer an und hatte damit erreicht, was ich als Obertertianer erklärte, als ich es ablehnte, mich in die griechische Untersekunda versetzen zu lassen.»

Zwei Adventskerzen

In seiner Marburger Referendarzeit machte Heinemann die Bekanntschaft einer Studentin, die sein weiteres Leben ganz erheblich beeinflussen sollte: Hilda Ordemann. Hilda Ordemann war die Tochter eines Bremer Getreidekaufmanns. Ihre Mutter kam aus einer Berner Pfarrersfamilie. Sie selber studierte in Marburg Evangelische Theologie, Germanistik und Geschichte.
Ein Zufall führte die beiden im Jahre 1922 zusammen. Hilda Heinemann erinnert sich 56 Jahre später noch genau an die erste Begegnung: «Das war in Marburg. Mein Mann war gerade fertig mit seinem juristischen Referendar und ich noch mitten in meinem Studium. Die Studenten trafen sich mal hier, mal dort, wie das so üblich ist. Und bei einer solchen Gelegenheit begegnete ich meinem Mann, und zwar bei einer Adventsfeier. Wir waren damals noch in einer so nostalgischen und romantischen Zeit, da organisierte man Adventstreffen, und jeder bekam eine Kerze, und wer die entsprechende Kerze hatte, die setzten sich zusammen. Und so war das Schicksal dann besiegelt durch die beiden Kerzen.»
Was Hilda Ordemann und Gustav Heinemann von Anfang an neben spontaner Zuneigung verband, war eine große Neugierde auf moderne Entwicklungen und Strömungen der Zwanziger Jahre. Was sie trennte, war ihr unterschiedliches Interesse an kirchlichen

und theologischen Fragen. Beeinflußt von ihrer älteren Schwester, Gertrud Staewen, erwärmte sich die Bremer Kaufmannstochter für die neue Richtung der dialektischen Theologie. Die Abkehr des Protestantismus von der Rolle einer staatstragenden Kirche und der Aufbruch zu einem neuen Verständnis vom Christentum in der Gesellschaft wurde vor allem von zwei Theologen vertreten, von Karl Barth in der Schweiz und Rudolf Bultmann in Marburg, bei dem Hilda Ordemann ihr Examen machte.

Für innerkirchliche Entwicklungen hatte Gustav Heinemann sich bis dahin nicht interessiert. Er fühlte sich zum Monismus hingezogen, einer damals stark verbreiteten weltanschaulichen Richtung, die von dem Naturwissenschaftler Ernst Haeckel (1834–1919) ins Leben gerufen wurde. Haeckel setzte an die Stelle von Heilslehren wissenschaftliche Prinzipien und machte sich die damals vorherrschende Begeisterung für naturwissenschaftliche Entdeckungen zunutze. Der von ihm mitbegründete Deutsche Monistenbund sollte darüber hinaus die antiklerikalen Strömungen jener Jahre bündeln.

Seine ablehnende Haltung gegenüber dem Christentum leugnete Gustav Heinemann nicht. Als er 1926 die Studentin Hilda Ordemann heiraten wollte, mußte er seinem künftigen Schwiegervater das Versprechen geben, sie nicht am Kirchgang zu hindern. Aber der Bremer Kaufmann hatte Heinemanns Kirchenfeindlichkeit überschätzt. Die Kirche bedeutete ihm nichts, das war alles. Er bekämpfte sie jedoch nicht.

Immerhin dauerte es noch Jahre, bis Gustav Heinemann sich entschloß, seine Frau zur Kirche zu begleiten. Die neugierige Frage seiner ältesten Tochter Uta – sie wurde am 2. Oktober 1927 geboren – «Gehen eigentlich nur Mütter in die Kirche?» mag ihn nachdenklich gestimmt haben, war jedoch keineswegs der eigentliche Anstoß.

Was letztlich Heinemanns Hinwendung zum Christentum ausgelöst hat in einem Alter, in dem andere aus der Kirche austreten, ist schwer zu erklären. Eine plötzliche Erfahrung, ein besonderes Erlebnis, das aus Saulus einen Paulus machte, hat es bei ihm nicht

Hilda und Gustav Heinemann

gegeben. Vielleicht hat ihn am stärksten das praktische Beispiel einzelner Christen beeindruckt. Aus seinem Elternhaus brachte er nicht nur einen großen Wissensdrang mit, sondern auch den Wunsch, davon möglichst viel konkret umzusetzen. Ein Teil seiner eigenen Vorstellung von der Zukunft, vom Umgang der Menschen untereinander wurde ihm plötzlich in seiner unmittelbaren Umgebung vorgelebt.

Mehr Bauer als Pfarrer

Das überzeugendste Beispiel dieser Art lieferte Pfarrer Friedrich Graeber, Pastor der evangelisch-reformierten Gemeinde in Essen-Altstadt, zu der die Familie Heinemann gehörte. Graeber suchte das junge Ehepaar um die Jahreswende 1929/30 auf, als die kleine Uta schwer erkrankt war. Der Geistliche wußte nicht nur Seelentrost zu spenden, sondern kannte auch praktischen Rat.

Bald darauf hörte sich Gustav Heinemann einige Predigten von Pfarrer Graeber an, die ihm sehr imponierten. Ohne Schnörkel steuerte dieser Pastor auf den Kern einer Sache zu. Und wenn es sein mußte, dann donnerte er seine Botschaft von der Kanzel, daß die Fetzen nur so flogen. Was Heinemann besonders beeindruckte, war die Tatsache, daß Graeber keine Sonntagsreden hielt, sondern über Dinge sprach, die mit dem Alltag der Menschen zu tun hatten. Obwohl politisch national-konservativ eingestellt, lud Pfarrer Graeber Kommunisten und Sozialisten zu Diskussionsveranstaltungen ein. Ihm gehörte auch ein kleiner Verlag, der theologische Schriften herausbrachte.

Aber damit nicht genug: Pfarrer Graeber holte die Arbeitslosen von der Straße und besorgte für sie in Essen-Borbeck ein mehrere Hektar großes Gelände, auf dem der «Hoffnungskotten» errichtet wurde, ein kleines Bauernhaus mit Stallungen aus ausrangierten Waggons. Mitten im Ruhrgebiet brachte er eine Art Landkommune in Gang, die Arbeitslosen und ihren Familien wieder etwas vom Sinn des Lebens zurückgab.

In dem «Hoffnungskotten» gab es keine Arbeit, auf die Graeber sich nicht verstand. Gustav Heinemann empfand für den Geistlichen bald ungeteilte Bewunderung: «Er schnitt Ziegen die Hufe, stach einer Kuh in den Pansen, wenn sie Blähungen hatte, und war zuweilen überhaupt mehr Bauer als Pfarrer.» Gegen ein solch handfestes Christentum hatte Heinemann nichts mehr einzuwenden. Bald begleitete er den Pfarrer zum Schweineschlachten oder was es sonst gerade in der Gemeinde zu tun gab. Das Christentum war ihm in der Person Graebers sozusagen über den Weg gelaufen. Er sah es sich genauer an, überzeugte sich von der Zweckmäßigkeit und beschloß ohne große Geste, fortan Christ zu sein und das Christentum zur Grundlage seines weiteren Lebens zu machen. Das Wort «Gott» war bald in seinen Gedanken und Gesprächen so fest verankert, daß Freunde ihn gelegentlich ermahnten, doch etwas sparsamer damit umzugehen.

Der Christ im Widerstand

Aus der Bekanntschaft mit Pfarrer Graeber entstand im Laufe des Jahres 1930 eine enge Freundschaft. Heinemann lernte das eigentliche Gemeindeleben kennen mit seinen Bibelkreisen und seiner praktischen Arbeit für den Nächsten. Wie von selbst akzeptierte er bald auch seine eigene Rolle in dieser Gemeinde, die Rolle eines Helfers zunächst, der in rechtlichen Fragen Bescheid wußte, nach einigen Jahren die des Presbyters, des Kirchenvorstehers.

Die berufliche Arbeit brauchte unter der neuen Aufgabe nicht zu leiden. Heinemann verstand es, seine Zeit einzuteilen. Seit 1928 arbeitete er nicht mehr nur als Anwalt in der Kanzlei Niemeyer, sondern gleichzeitig als Prokurist und Justitiar der Rheinischen Stahlwerke in Essen. Die Leitung dieses einflußreichen Montan-Unternehmens (heute Rheinstahl AG) hatte Heinemanns Bedingung, Anwalt bleiben zu können, angenommen, so daß er praktisch zwei Berufe ausübte.

Daß er daneben noch Zeit fand, seine zweite Doktorarbeit zum Thema ‹*Verwaltungsrechte an fremden Vermögen*› abzuschließen, daß er 1929 sogar sein erstes juristisches Buch, ‹*Das Kassenarztrecht*›, herausbringen konnte, wunderte ihn manchmal selber. So fachspezifisch die Titel seiner Arbeiten auch klingen mögen, sie wurden nicht für die Schublade oder zum Erwerb akademischer Titel geschrieben. ‹*Das Kassenarztrecht*› zum Beispiel, das vor einigen Jahren in vierter Auflage erschienen ist, gehört noch heute zu den anerkannten und häufig benutzten Fachbüchern.

Beruflich besaß Heinemann also eine glänzende Position, und das zu einer Zeit, da um ihn herum durch die Weltwirtschaftskrise Tausende von Existenzen vernichtet wurden. Konfliktfrei verliefen die nächsten Jahre für den erfolgreichen Anwalt allerdings keineswegs. Sein neues Tätigkeitsfeld, die kirchliche Gemeindearbeit

in Essen-Altstadt, brachte ihn in direkten Gegensatz zu den Nationalsozialisten – eine Konfrontation, die die Entschiedenheit seines Christentums letztlich bestimmt haben dürfte.
Gustav Heinemann wußte von Anfang an, auf welcher Seite er stand: «Bei der letzten, noch einigermaßen freien Reichstagswahl im März 1933 gaben wir unsere Stimmen der Sozialdemokratischen Partei, durch die allein eine Gegenwehr gegen die braune Flut noch möglich erschien. Die bürgerlichen Parteien waren schon ohne Widerstandskraft oder gar Komplicen der NSDAP. Mir genügte, was ich 1920 in München mit Hitler erlebt hatte.»
An Heinemanns Arbeitsplatz bei den Rheinischen Stahlwerken änderte sich nach der Machtübernahme Hitlers wenig. Die private Aktiengesellschaft konnte auf Parteigenossen im Vorstand verzichten. Anders war es in der berufsständischen Organisation der Rechtsanwälte, in den Anwaltsvereinen, die sich nicht schnell genug dem neuen politischen Kurs anpassen konnten. Für den 3. Mai 1933 war eine Mitgliederversammlung des Essener Anwaltsvereins einberufen worden. Wichtigster Tagesordnungspunkt: der Ausschluß der jüdischen Mitglieder. Nach einer heftigen Aussprache stimmten 43 Anwälte für den Ausschluß, nur fünf dagegen: Unter den Nein-Stimmen war die des Rechtsanwalts Dr. Dr. Gustav Heinemann.

Erste Kraftprobe zwischen den Deutschen Christen und der Bekennenden Kirche

Für den neuen Reichskanzler Adolf Hitler war bei der Absicherung seines Regimes die Haltung der Kirchen von entscheidender Bedeutung. Mit der Katholischen Kirche vereinbarte er noch im Jahre 1933 das ‹*Konkordat*›, das die beiderseitigen Beziehungen regeln und die Katholiken in Sicherheit wähnen sollte.
Bei der Evangelischen Kirche wählte der Diktator einen anderen Weg. Der 1922 gebildete Deutsche Evangelische Kirchenbund wurde in eine zentral geleitete Deutsche Evangelische Kirche

(DEK) umgewandelt. Mit Hilfe der regimetreuen Deutschen Christen, die das Abzeichen der NSDAP offen am Revers trugen, sollte die DEK direkten Einfluß auf die einzelnen Kirchengemeinden nehmen. Diesem Versuch widersetzte sich jedoch die Bekennende Kirche, eine innerkirchliche Widerstandsbewegung, die unter Berufung auf das Glaubensbekenntnis staatliche Eingriffe in das Gemeindeleben und damit eine Gleichschaltung der Kirche mit dem Nationalsozialismus ablehnte.

Leute wie Pfarrer Graeber waren keine Mitläufer und keine Opportunisten, sondern vom ersten Tag an Gegner des Regimes, die sich auch durch Verhaftung und Verfolgung nicht abschrecken ließen. Außer Graeber taten sich im Kirchenkampf der Bekennenden Kirche des Rheinlandes noch andere Geistliche hervor: die Pfarrer Heinrich Held, Wilhelm Busch, beide aus Essen, und Pfarrer Joachim Beckmann aus Düsseldorf.

Gustav Heinemann hätte einfach einen Rückzieher machen können, als in seiner Kirchengemeinde die ersten Schwierigkeiten auftraten. Niemand wäre über einen solchen Schritt verwundert gewesen, denn sich mit den neuen Machthabern anzulegen, konnte ihm nur Nachteile einbringen. Und die erste Kraftprobe zwischen der Bekennenden Kirche und den Deutschen Christen stand bereits Mitte 1933 an.

Im Juni 1933 sollten die Wahlen zu den kirchlichen Körperschaften stattfinden. Die Deutschen Christen konnten mit der Unterstützung der staatlichen Propaganda rechnen. Dem setzte Pfarrer Graeber in seinem Bereich seinen bescheidenen Eigen-Verlag entgegen, in dem er zusammen mit zwei anderen Geistlichen eine Kampfschrift herausbrachte, die mit den regimetreuen Widersachern im Kirchenlager abrechnete. Graeber warf ihnen das «ungeheuerliche Nebeneinander der zwei Autoritäten am Revers» vor: von Partei und Gottes Wort. Es sei eine Schmach, daß die Kirche sich dies gefallen lasse, «aus Feigheit vor den Drohungen gewisser Leute». Bei der Wahl zu den kirchlichen Körperschaften ergab sich in der Gemeinde Essen-Altstadt ein Gleichgewicht zwischen den Deutschen Christen und der Arbeitsgemeinschaft ‹*Evange-*

lium und Kirche›, dem Zusammenschluß der innerkirchlichen Opposition. Zu den neu gewählten Presbytern gehörte Gustav Heinemann.

Die erste Runde war damit unentschieden verlaufen. Pfarrer Graeber zögerte nicht, die zweite unverzüglich zu beginnen, nachdem sogar Zeitungen Passagen aus der Kampfschrift nachgedruckt und Gustav Heinemann angesichts vielfältiger Zustimmung ein Postscheckkonto für Spenden zur Unterstützung der Bekenntnis-Aktion eingerichtet hatte. Graeber verfaßte ein Flugblatt, in dem es unter anderem hieß: «Hinweg mit allem Terror . . . wir werden ein Versailles der Kirche niemals unterschreiben, unter keiner Drohung und unter keinem Versprechen.»

Das Papier ging bald von Hand zu Hand. Als es in dritter Auflage erschien, ließen es die Nationalsozialisten beschlagnahmen. Sein Verfasser kam für zwei Tage in Schutzhaft und durfte sein geistliches Amt für einige Wochen nicht ausüben. Graebers Kommentar zu der Festnahme: «Ein Wachhund muß scharf sein oder er taugt nichts.»

Gegen Ende des Jahres 1933 verloren die Deutschen Christen in Essen deutlich an Anhang. Der in sein Amt zurückgekehrte Pfarrer Graeber konnte es wagen, zum erstenmal wieder eine größere Versammlung einzuberufen. Allein die Ankündigung löste große Zustimmung aus, der Andrang bei der Veranstaltung selbst war außerordentlich. Graeber hatte gerade zu reden begonnen, als er zwei Gestapo-Beamte in Zivil eintreten sah. Mitten im Satz brach er ab und ließ die Anwesenden den Kirchenvers ‹*Groß Macht und viel List . . .*› anstimmen. Anschließend rief er in den Saal: «Das Wort hat die Geheime Staatspolizei.» Die Versammlung wurde von den Beamten für geschlossen erklärt. Vorher hatte Graeber noch bekanntgegeben, daß in der «geheizten Pauluskirche» sofort ein Gottesdienst stattfinde.

Ein Brief an Hitler

Am 29. November 1933 unternahm Gustav Heinemann den Versuch, Adolf Hitler persönlich über die Repressalien gegen Geistliche der Bekennenden Kirche in Kenntnis zu setzen, in der Hoffnung, daß die Übergriffe abgestellt würden. In dem Brief an den «sehr verehrten Herrn Reichskanzler» weist er darauf hin, daß die «ungeheuerlichen Angriffe . . . auf die Grundlagen des Christentums und der evangelischen Kirche» eine große Erregung in den hiesigen Gemeinden hervorgerufen hätten. «Diese Erregung steigert sich täglich, nicht zuletzt deshalb, weil eine plötzlich einsetzende Nachrichtensperre für die hiesige Presse den Gerüchten Tür und Tor öffnet.» Heinemann bemüht sich, dem Reichskanzler zu erklären, daß nicht die Deutschen Christen, sondern die Gläubigen der Bekennenden Kirche die Repräsentanten der Evangelischen Kirche seien. «Es wird höchste Zeit, daß die eigentlichen Träger kirchlichen Lebens in unseren Gemeinden bei den amtlichen Stellen zu Gehör kommen, wenn der neue Staat nach der erhebenden Wahl nicht schwere Rückschläge in den Herzen treuester Anhänger erfahren soll.» Die einzige Reaktion auf den Brief bestand in der Mitteilung, die Eingabe sei an den Reichsminister des Inneren «zur Prüfung» weitergeleitet worden.

Der Brief an Hitler war ein Versuch gewesen, der kirchlichen Gemeindearbeit etwas Luft zu verschaffen, zumal die Serie der Repressalien und Rückschläge nicht abreißen wollte. Gegen Ende 1933 sorgte eine Entscheidung des evangelischen Reichsbischofs Ludwig Müller für helle Empörung. Müller – der eigentliche Repräsentant der Deutschen Christen – vereinbarte mit der Hitler-Jugend (HJ), die kirchliche Jugendarbeit der HJ zu überlassen. In Essen hatten sich die Pfarrer fast verzweifelt darum bemüht, die Jugendlichen davon abzuhalten, sich der HJ anzuschließen. Jetzt ordnete der oberste Reichsbischof die Eingliederung sogar an.

Der in Essen für die Jugendarbeit zuständige Pfarrer Wilhelm Busch schickte Reichsbischof Müller ein zorniges Protesttelegramm und beschuldigte ihn des Wortbruchs. Schließlich habe

Müller kurze Zeit vorher noch zugesagt, die Jugendarbeit besonders zu schützen. Auf das Telegramm aus Essen reagierte die Kirchenbehörde mit der sofortigen Suspendierung des Jugendpfarrers, eine Disziplinarmaßnahme, die die betroffenen Gemeinden nicht widerspruchslos hinnehmen wollten. Eine Abordnung von fünf Personen, darunter Gustav Heinemann, machte sich auf den Weg nach Koblenz zum zuständigen Generalsuperintendenten Stoltenhoff. Dieser sprach von den guten Absichten des Reichsbischofs und von der Untergrabung der Disziplin junger Menschen durch den aufsässigen Pfarrer Busch.

Die Antworten der Besucher aus Essen waren nicht minder deutlich. Die Kirchenleitung sei mit dem Eingliederungsbeschluß den Pfarrern in den Rücken gefallen. Eine Fülle von Klagen prasselte auf den Generalsuperintendenten nieder, so daß dieser, an den Jugendpfarrer gewandt, schließlich fragte: «Bruder Busch, was soll ich denn nun mit Ihnen machen?» Busch: «Das ist Ihre Sorge, nicht meine.» Stoltenhoff: «Ich habe gerade heute noch viel Schlimmeres von Ihnen abgewendet.» Darauf Gustav Heinemann: «Lassen Sie es doch endlich, das ‹Schlimmere› immer wieder abzuwenden. Wenn Sie für jeden Pfarrer oder für jedes Gemeindeglied, welches in Haft gesetzt wird, das Geläut der Kirchenglocken in der Rheinprovinz anordnen, ist uns besser geholfen.»

Jugendpfarrer Busch konnte nach einiger Zeit seine Arbeit wieder aufnehmen. In den folgenden Jahren wurde er noch so oft von seiner eigenen Kirche suspendiert, daß er selber manchmal nicht mehr genau wußte, ob er gerade im Amt oder amtsenthoben war. Unabhängig davon setzte er sich für die Jugendlichen ein, die an der Hohenburgstraße in Essen ein eigenes Jugendhaus besaßen. Das Gebäude mußte ständig bewacht werden und bekam schließlich eine Alarmanlage, weil die Hitler-Jugend es im Frühjahr 1934 immer wieder bestürmte. Erst nach wiederholten Beschwerden bei der Polizei zog sich die HJ zurück. Träger des Jugendhauses war übrigens nicht die Kirchengemeinde, sondern ein privater Verein, so daß es vor dem Zugriff der deutsch-christlichen Kirchenbehörden sicher war.

Rebellion gegen den Bischof

In den ersten Tagen des Jahres 1934 nahm der innerkirchliche Kampf noch schärfere Formen an. Auslöser war erneut Reichsbischof Ludwig Müller, und zwar mit seiner *‹Verordnung betreffs Wiederherstellung geordneter Zustände in der Deutschen Evangelischen Kirche›*. Die Verordnung unterstellte die kirchliche Gemeindearbeit noch mehr der Aufsicht durch die Kirchenleitung. Sie sollte die Bekennende Kirche endgültig zum Schweigen bringen und wurde von ihr dementsprechend als eine Kriegserklärung aufgefaßt. Für die rheinische Kirche antworteten die Pfarrer Graeber, Held und Beckmann mit einem «Bruderwort», das einer offenen Rebellion gleichkam. «Gott ist mehr zu gehorchen als dem Reichsbischof», hieß es darin. «Wer Drohungen oder Bitten, von wem auch immer, in dieser Stunde unterliegt, verleugnet Christum vor den Augen der Welt und den Gläubigen. Eine Pfarrerschaft, die jetzt nicht widersteht, wird von Gott verworfen.»
Eine entsprechende Erklärung der drei Pfarrer an alle Gläubigen mit dem Appell, Widerstand zu leisten, sollte am Sonntag, dem 14. Januar 1934, von den Kanzeln verlesen werden. Die Deutschen Christen sandten überall ihre Späher aus. Pfarrer Graeber, der in der Essener Pauluskirche predigte, hatte seinen «Aufpasser» sofort erkannt. Er verließ den Altarraum, ging durch das Kirchenschiff auf ihn zu und begrüßte ihn vor der versammelten Gemeinde mit den Worten: «Ich wünsche Ihnen einen gesegneten Gottesdienst.» Dann verlas er die Erklärung, so wie es an diesem Sonntag alle Pfarrer der Bekennenden Kirche taten. Sie schloß mit den Worten: «Liebe Brüder! Seit dem heutigen Tage sind wir Fremdlinge in unseren eigenen Kirchen. Richtet Euch auf einen langen Kampf ein. Wir sind jenseits der Grenze, die ein Zurückweichen gestattet. Wir müssen vorwärts, durch die Spurketten hindurch!»
Die Suspendierung der drei Pfarrer, die den Text verfaßt hatten, folgte Ende Februar 1934. Ein Disziplinarverfahren in Koblenz endete mit der endgültigen Entfernung aus dem Amt. Pfarrer Graeber war nicht wie seine Amtsbrüder Held und Beckmann

nach Koblenz gefahren. Er kommentierte den Rausschmiß in der ihm eigenen Art: «Der Strick ist zerrissen, der Vogel ist frei.»
Für Graeber und Heinemann gab es jetzt kein Zurück mehr. Sie lösten ihre Gemeinde in Essen-Altstadt aus dem Kirchenverbund und machten sich einfach selbständig. Heinemann pachtete von der Stadtverwaltung einen größeren Saal in der Essener Börse, etwa 800 Stühle wurden angeschafft, außerdem eine Kanzel und ein Harmonium. Das Gehalt für Pfarrer Graeber und die übrigen kirchlichen Mitarbeiter wurde durch Spenden finanziert. Wenn es einmal nicht reichte, brauchte Graeber in seine Predigt nur einmal den Hinweis einzuflechten, er sähe noch immer viele Leute auf unbezahlten Stühlen sitzen, und schon klingelte es bei der Kollekte.
Kirche nicht auf die kleine Gemeinde in Essen-Altstadt. Über Essen hinaus war vor allem sein juristischer Sachverstand immer wieder gefragt. Er nahm in den folgenden Jahren an allen wichtigen Synoden der Bekennenden Kirche teil, 1934 an der Barmer Synode, wo er an der Seite des Schweizer Theologen Karl Barth die *‹Barmer Erklärung›* mitformulierte und verabschiedete. In Barmen besiegelten die Synodalen die Abkehr von den regimetreuen Deutschen Christen: «Wir verwerfen die falsche Lehre, als gäbe es Bereiche unseres Lebens, in denen wir nicht Jesus Christus, sondern anderen Herren zu eigen wären», so heißt es in einer der sechs Thesen der Barmer Erklärung.

Druckerei Heinemann

Für den Zusammenhalt unter den Gemeinden der Bekennenden Kirche sorgte ein Bruderrat, dem Gustav Heinemann über mehrere Jahre angehörte. Wichtigstes Bindeglied zwischen den Synoden waren die sogenannten *‹Grünen Blätter›*, die auch *‹Briefe zur Lage›* genannt wurden. Sie informierten über alle herausragenden Ereignisse in den Gemeinden. Für die redaktionelle Bearbeitung waren der amtsenthobene Pfarrer Held und Vikar Wolf Disselhoff zuständig, die deswegen immer wieder Verhaftungen, Durchsuchungen und Bespitzelungen über sich ergehen lassen mußten. Bei einer der vielen Vorladungen brüllte der zuständige Staatsanwalt Vikar Disselhoff einmal an: «Ich bin es leid, daß ich dauernd von Berlin gerüffelt werde, weil in meinem Bezirk immer wieder diese grüne Scheiße erscheint.» Disselhoff erwiderte gefaßt: «Herr Staatsanwalt, sagen Sie mir, wie weit Ihr Sprengel reicht – wir wollen darauf gern Rücksicht nehmen.»

Hergestellt wurden die auf grünem Papier gedruckten Briefe im Keller des Hauses von Gustav Heinemann. Der Raum diente tagsüber den Kindern als Spielzimmer. Der Vervielfältigungsapparat wurde in einem Schrank versteckt, für den nur Heinemann einen Schlüssel besaß. Sollte der Drucker abends in Gang gesetzt werden, verständigte man sich vorher durch harmlose Anfragen, etwa: «Kann ich heute bei euch ein bißchen Klavier spielen?» oder: «Wie wäre es, wenn ich heute die Rosen schneiden würde?»

Wie der Betrieb im Keller funktionierte, hat Gustav Heinemann beschrieben: «Disselhoff und zwei Helfer verdunkelten die Fenster, holten den Apparat heraus, schalteten ihn in die Lichtleitung ein und ließen in zwei parallelen Bahnen die Abzüge von den Matritzen rollen. Die Abzüge wurden sortiert, zusammengelegt, geklammert und paketfertig gemacht. Meine Frau sorgte für Kaffee und Verpflegung, weil es immer in die tiefe Nacht hineinging, ehe eine Auflage fertig war.»

Gleich in der Anfangsphase der «Druckerei Heinemann» gab es eine gefährliche Situation, als der Vervielfältiger nach einer Spätschicht nicht beiseitegeräumt worden war und am nächsten Morgen ein Mann an der Tür klingelte, um die Gasuhr im Keller abzulesen. Nach dem ersten Schreck schaltete Hilda Heinemann schnell, erklärte dem Gasmann, er möge am Nachmittag wiederkommen, sie habe die Kellerschlüssel verlegt. Der Besucher war einverstanden, und so war die Gefahr beseitigt.

Die Herstellung der ‹*Grünen Blätter*› funktionierte eine Zeitlang reibungslos, bis eines Tages eines der Kinder die Frage stellte, was eigentlich abends im Keller passiere. Eine Schulfreundin, Tochter eines NSDAP-Funktionärs, habe erzählt, ihr Vater sei dabei, herauszubekommen, was bei Heinemanns los sei. Die Eltern handelten unverzüglich. Noch am selben Tag bekam der Druckapparat einen neuen Standort.

Alex – der unsichtbare Begleiter

Ein Teil des kirchlichen Widerstandes verlief unter konspirativen Bedingungen – mit Code-Wörtern und Geheimzeichen. Der eigentliche Kirchenkampf fand jedoch vor den Augen der Öffentlichkeit statt und erforderte immer wieder den Mut aller Beteiligten. Gustav Heinemann war sich der Gefahr, in der er sich ständig befand, durchaus bewußt, auch wenn er das Wort «Angst» nicht kannte. Die Kirche gab ihm ein Gefühl der Sicherheit, das er auch anderen vermitteln konnte.

Gustav Heinemann mit Familie in den dreißiger Jahren

Bei allem, was er tat, mußte er jedoch nicht nur an sich denken, sondern auch an seine Familie, die inzwischen auf sechs Personen angewachsen war. Am 24. Dezember 1928 wurde Christa Heinemann geboren, am 17. August 1933 Barbara und am 2. März 1936 der einzige Sohn Peter, der heute die Anwaltspraxis seines Vaters leitet. Blieb für die Kinder in jenen Jahren überhaupt Zeit? Uta Ranke-Heinemann, die älteste Tochter, die an der Pädagogischen Hochschule Neuss Katholische Theologie lehrt, weiß von häufigen Spaziergängen mit dem Vater zu berichten. Gustav Heinemann übernahm von seinem Vater Otto Heinemann zwar nicht die Begeisterung für das Turnen, dafür ging er leidenschaftlich gern spazieren. Und weil seine Kinder den Drang nach frischer Waldluft nicht mit ihm teilten, lockte er sie mit Geschichten nach draußen, die manchmal von Sonntag zu Sonntag ihre Fortsetzung erlebten, Geschichten, die von ihm erfunden wurden und in denen die erdachte Figur des «Alex» die Hauptrolle spielte. Alex war sozusagen der unsichtbare Begleiter der Spaziergänger, wobei die Kinder schnell vergaßen, daß sie ja eigentlich gar nicht nach draußen wollten.

Auch im Haus konnte Heinemann, wenn Zeit war, stundenlang mit den Kindern herumtoben, Versteckspiele organisieren, die im Kohlenkeller oder in der Kartoffelkiste endeten. Bezeichnend für seinen trockenen Humor ist eine Geschichte aus dem Jahr 1936, die Uta Ranke-Heinemann gern erzählt. Sie und ihre Schwester kamen eines Tages ziemlich bedrückt von der Schule und berichteten den Eltern, alle anderen Schulkinder könnten mit ihren Vätern prahlen, die hätten alle hohe Posten und seien etwas geworden, aber von ihrem eigenen Vater wüßten sie überhaupt nichts zu berichten, was anderen imponiere. Gustav Heinemann wußte etwas: «Ihr könnt ja erzählen, daß euer Vater eine Hypothek auf dem Haus hat.» Die beiden Mädchen befolgten den Rat, und ihr Ansehen in der Schule stieg mächtig. Uta Ranke-Heinemann: «Das ist übrigens das einzige Mal, daß mein Vater bei seiner Bescheidenheit effektiv Hochstapelei betrieben hat. Denn das Haus gehörte ihm gar nicht, es war ein Mietshaus.»*

Begegnung mit Gollwitzer

Das Mietshaus in Essen war ein offenes Haus, vor allem für die Freunde aus der Bekennenden Kirche. Im Frühjahr 1936 ergab sich dort auch die erste Begegnung Heinemanns mit Helmut Gollwitzer, einem Theologen, der zu den Rednern einer Tagung der Bekennenden Kirche in Essen gehörte. Den Teilnehmern der Konferenz stellte die Familie Heinemann wie andere Gemeindeglieder Quartiere zur Verfügung. Für Gollwitzer war der Name Gustav Heinemann über dessen Schwägerin Gertrud Staewen, die in einer Berliner Strafanstalt Sozialdienste für Gefangene versah, sowie durch den Theologieprofessor Karl Barth längst ein Begriff. In den folgenden Jahren verloren sich die beiden zwar wieder aus den Augen, aber im Frühjahr 1950 wurde die Bekanntschaft erneuert und dann zu einer Freundschaft vertieft, die alle Höhen und Tiefen der Nachkriegsjahre überdauert hat.

An seinem Arbeitsplatz bei den Rheinischen Stahlwerken blieb Gustav Heinemann trotz seines immer entschiedeneren Eintretens für die Bekennende Kirche weiterhin unbehelligt. Anfang 1936 wäre er in seiner beruflichen Laufbahn sogar noch ein beträchtliches Stück vorangekommen, wenn er diesen Schritt nicht mit einer Bedingung verknüpft hätte. Das Rheinisch-Westfälische Kohlensyndikat in Essen bot ihm die Stelle eines Vorstandsmitglieds an, eine Aufgabe mit fester vertraglicher Absicherung auf Jahre hinaus sowie mit einem beachtlichen Einkommen.

Heinemann nahm das Angebot dankend an, allerdings nicht ohne hinzuzufügen, er gedenke weiterhin, in der Bekennenden Kirche mitzuarbeiten und brauche dafür gelegentlich auch einen freien Tag. Im Aufsichtsrat des Kohlensyndikats hatten die Generaldirektoren der großen Zechengesellschaften – damals noch in privater Hand – das Sagen. An einem politisch unzuverlässigen, gar am aktiven Widerstand beteiligten Vorstandsmitglied konnte ihnen

---

* Zitate stammen, wenn nicht anders angegeben, aus Gesprächen und Interviews des Autors.

nicht gelegen sein. Im Absagebrief teilten sie dem Rechtsanwalt Heinemann mit, «daß der Personalausschuß unseres Aufsichtsrates mit Rücksicht auf Ihre Stellungnahme im Kirchenstreit zu der Entschließung gekommen ist, auf Ihren Eintritt in unseren Vorstand verzichten zu müssen».

Der Verzicht wurde Heinemann dadurch erleichtert, daß die Rheinischen Stahlwerke ihn kurze Zeit später immerhin zum Bergwerksdirektor und Stellvertretenden Vorstandsmitglied beriefen. Eine unfreiwillige Genugtuung für die Zurückweisung durch das Kohlensyndikat erlebte er bei Kriegsende, als die Engländer den gesamten Vorstand des Syndikats verhafteten.

Unbehelligt von den Nazis konnte Gustav Heinemann 1936 auch seine wöchentlichen Vorlesungen an der Kölner Universität über Arbeits- und Bergrecht fortsetzen. Der zuständige Minister in Berlin verlängerte den Auftrag dafür seit 1933 regelmäßig, bis Heinemann bei Ausbruch des Zweiten Weltkrieges 1939 von sich aus auf die Lehrtätigkeit verzichtete.

Rückzug aus der Bekennenden Kirche

Nach einem Sprichwort gibt der liebe Gott einem, der ein Amt hat, auch den Verstand dazu und für gewöhnlich noch viele andere Ämter. So war es auch bei Gustav Heinemann. Anfang 1937 kam die nächste Aufgabe auf ihn zu, der Vorsitz des Christlichen Vereins Junger Männer (CVJM) in Essen. In vielen anderen Städten hatten die Nazis sich längst der CVJM-Einrichtungen bemächtigt und die Arbeit von Jahren zerstört. Damit Gleiches nicht in Essen passierte, brauchte der Verein einen besonnenen und widerstandserprobten Vorsitzenden. Gustav Heinemann, obgleich mit 37 Jahren eigentlich kein ausgesprochen junger Mann mehr, war gewiß der geeignete Kandidat. Er ließ sich von Jugendpfarrer Wilhelm Busch bereden, trat in den CVJM ein und wurde kurze Zeit danach zum Vorsitzenden gewählt. Zu seinen ersten «Amtshandlungen» gehörte es, den Hausmeister und Verwalter der CVJM-Einrichtungen an der Essener Hoffnungsstraße – ein großes Haus mit Versammlungsräumen, Unterkünften und einem Restaurant – an die Luft zu setzen. Dieser spionierte für die örtliche NSDAP. Die Denunzianten saßen überall, und nicht immer gelang es, sie rechtzeitig zu entdecken.

Den CVJM-Vorsitz übernahm Gustav Heinemann nicht etwa, weil ihm an einem weiteren Posten gelegen war oder er schlecht «nein» sagen konnte. Aus Ämtern und damit verbundenen möglichen Würden machte er sich gar nichts, wie er noch oft in seinem Leben beweisen sollte. Nein, um die Jahreswende 1936/37 begann er vielmehr, intensiv darüber nachzudenken, ob die Bekennende Kirche auf dem richtigen Weg sei. Und das Ergebnis dieses Nachdenkens war schließlich sein Rücktritt aus ihrer Leitung.

Der kirchliche Widerstand bedeutete eine ständige Herausforderung für jeden einzelnen: Reisen zur Tages- und Nachtzeit, geheime Treffs und offene Auflehnung, Verfolgung und Verhaftung – trotz aller Vorsicht. Während die Nationalsozialisten ihr Regime festigen konnten, steckte die kirchliche Opposition eine Niederlage nach der anderen ein. Eine Notiz, die Heinemann sich bei den Vorbesprechungen für die im August 1937 stattfindende Synode der Bekennenden Kirche im westfälischen Lippstadt machte, verdeutlicht, zu welcher Einsicht er inzwischen gekommen war: «Kampf gegen DC (Deutsche Christen) war falsche Front. DC sind nur Attrappe des Staates. Deswegen nicht dogmatischer Ansatz, sondern politischer.»

Ein Jahr nach der Lippstadter Synode legte Gustav Heinemann alle Ämter in der Bekennenden Kirche nieder. Sich selber und seinen Freunden, die mit ihm gekämpft hatten, gab er ausführlich Rechenschaft über diesen Schritt in einer Denkschrift, aus der ein kurzer Absatz zitiert werden soll. Die Offenheit seiner Kritik mag überraschen, aber genau dies zeichnete Gustav Heinemann aus, offen, ungeschminkt, ja fast schroff seine Auffassung zu äußern, selbst wenn dadurch Freundschaften zerstört und Fronten aufgerissen wurden.

«Es geht alles nach dem alten Schema weiter», heißt es in der

Denkschrift. «Man bildet sich ein, daß man Krieg führe, weil man protestiert, antichambriert, Rechtsansprüche feierlich aufrechterhält, Synoden oder Sitzungen abhält und umherreist, und hat in Wahrheit überhaupt noch nicht mobil gemacht. Solange Pfarrer den Kampf mit Reichsnetzkarten oder noch so guten bekenntnismäßigen oder kirchenrechtlichen Gedanken führen, ohne Mann für Mann eine unabhängige Gemeinde hinter sich zu haben, sind sie für den Gegner wahrhaft harmlos.»

Eine unabhängige starke Gemeinde wollte der Presbyter Heinemann hinter sich haben. Also konzentrierte er sich von nun an auf die Gemeindearbeit in Essen-Altstadt, hielt selber Predigten, gab Lehrvorträge und organisierte Bibelkurse. Für den direkten politischen Widerstand war es Ende 1938 ohnehin schon zu spät. Und der Gedanke, man könne versuchen, Hitler physisch auszuschalten, um dem barbarischen Regime ein Ende zu bereiten, wie es später einzelne Widerstandsgruppen versucht haben, dieser Gedanke ist Gustav Heinemann in jenen Jahren vermutlich nicht gekommen. Den Kontakt zum eigentlichen politischen Widerstand, etwa der Kommunistischen Partei, die in den Untergrund gegangen war, oder der Sozialdemokraten, die vom Exil aus den Nationalsozialismus bekämpften, diesen Kontakt hat Heinemann nicht gehabt und wohl auch gar nicht gesucht. Dazu fehlte ihm auch jede Nähe zu solchen Gruppen.

«Fast jeder Tag fordert hier Todesopfer»

Der Ausbruch des Zweiten Weltkrieges am 1. September 1939 veränderte das Leben Gustav Heinemanns und seiner Familie zunächst nicht wesentlich. Zum Dienst an der Front wurde der 40jährige Bergwerksdirektor nicht eingezogen, weil seine Arbeitskraft in Essen gebraucht wurde. Erst mit den Luftangriffen der Alliierten 1944 und 1945 auf kriegswichtige Ziele im Ruhrgebiet kam der eigentliche Einschnitt. Nachdem Heinemanns Dienstwohnung an der Schinkelstraße in Essen – ein eigenes Haus hat er nie besessen – einen Treffer bekommen hatte, der das Gebäude erheblich in Mitleidenschaft nahm, entschloß sich Hilda Heinemann, mit den Kindern nach Winterberg im Sauerland auszuweichen. Gustav Heinemann blieb in Essen. Über Briefe und Besuche hielt er den Kontakt zu seiner Familie. In einem dieser Briefe vom Januar 1945 wendet er sich direkt an seine Kinder, um ihnen einige Gedanken mit auf den Weg zu geben für den Fall, daß ihm in nächster Zeit etwas zustoßen sollte. Die Zeilen gehören zu den ganz wenigen persönlichen Äußerungen Heinemanns. Darin heißt es:

«Diese Zeilen schreibe ich Euch aus dem Bewußtsein, daß mich der Krieg gar leicht von Eurer Seite reißen kann. Fast jeder Tag fordert hier Todesopfer, und wenn sich einmal das eigentliche Kriegsgebiet hierher verlagern oder eine feindliche Besatzung sich für uns ergeben sollte, so ist vollends unabsehbar, was aus allen, die wir hier leben, werden wird. Hinsichtlich meiner selbst mache ich mir über solche Möglichkeiten keine Gedanken . . . Gern hätte ich Euch noch mehr von unserem deutschen Vaterland gezeigt. Aber der Krieg hat es verhindert. Noch nicht einmal eine Rheinreise haben wir zusammen machen können, und mancher Ort selbst in der nahen Umgebung blieb unbesucht und Euch bisher unbekannt . . . Auch meine Jugendzeit fiel zum Teil in eine schwere Kriegszeit. Aber ich kann mir nicht verhehlen, daß Euch ein wesentlich härterer Lebensweg bevorsteht, als er mir trotz des damaligen Krieges samt Revolution, Inflation und Besatzungszeit bisher beschieden war oder als er gar Euren Großeltern zuteil geworden ist. Das erfüllt mich mit viel Sorge. Es können Ereignisse über uns kommen, denen keine menschliche Macht mehr gewachsen ist. Gar schnell kann es sein, daß wir uns im Strudel dieses furchtbaren Krieges verlieren. Nur *ein* Vermächtnis an Euch, eine Mahnung und Bitte zugleich, kann doch noch Bestand haben: Haltet fest an der Hand des Vaters im Himmel, von dessen Liebe Euch keine Gewalt noch List jemals scheiden kann, sofern Ihr selbst Euch nicht von ihm abwendet . . .»

Kriegstagebuch

Schon wenige Wochen später erreichte der Krieg die Stadt Essen, nachdem zuvor die amerikanischen Truppen am 7. März die Rheinbrücke bei Remagen überquert hatten. In den folgenden Tagen hat Heinemann protokolliert, was sich in seiner unmittelbaren Umgebung in Essen ereignete. Das nüchterne Tagebuch spiegelt die Sorge um die Familie in Winterberg und den ohnmächtigen Zorn über die Nazis. So heißt es darin:

«*31. März 1945:* Der Essener Polizeipräsident hat die ungeheuerliche Absicht, etwa 25000 Ausländer in die Zechen zu verbringen und dort umkommen zu lassen. Diese Wahnsinnsidee wird vom Bergbau strikt abgelehnt. Dieser selbe Polizeipräsident äußerte auf die Frage, wie er sich eine gewaltsame Räumung von Essen vorstelle: ‹Das ist einfach. Die Bunker werden gesprengt, und alle noch bewohnten Häuser werden in Brand gesteckt. Dann wird die Bevölkerung schon aus Essen verschwinden.› Solche Verbrecher regieren uns.

1. April (Ostersonntag): Ich fahre mit dem Rad nach Langenberg und hole einen schweren Rucksack mit Kartoffeln . . . Das Ruhrgebiet ist ganz eingekreist. Im Sauerland finden Kämpfe statt . . . Wann und wie werde ich von Winterberg hören?

3. April: Die Nachrichten über Winterberg lauten immer beunruhigender. Eine Panzerabteilung wurde dort vernichtet.

4. April: Heute ist Vaters Todestag. Welch eine Änderung hat sich in Jahresfrist vollzogen. Der Zusammenbruch steht unmittelbar bevor. Winterberg ist Kriegsschauplatz geworden. Lieber guter Vater, welch eine Welt voll Hoffnungen, die Dein Leben erfüllten, bricht jetzt auseinander.

7. April: Der Hauptbahnhof wird immer wieder angegriffen mit Splitterbomben und Bordwaffen. Die Eisenbahner können unmöglich arbeiten. Ich grabe jeden Tag im Garten um . . .

8. April: Das Haus Schinkelstraße 9 erhält um 18.45 Uhr einen Artillerievolltreffer.

9. April: Sehr unruhige Nacht. Herr Noth schläft seit drei Tagen mit mir zusammen im Keller. Oben ist es zu gefährlich.

10. April: Ich bleibe den ganzen Nachmittag über zu Hause. Man tut dies und das und weiß keinen rechten Sinn in allem zu finden . . . Gegen Abend mache ich mich an die Gartenarbeit. Es grünt und blüht an Bäumen und Sträuchern, die Vögel sind wieder da . . . Fernande hilft. Gegen 19½ Uhr fällt uns ein ständiges Geräusch fahrender Motoren auf. Ich sage zu Fernande: ‹Das scheinen amerikanische Panzer zu sein.› – ‹Oh, glauben Sie? Ich werde sehen.› Im Nu ist sie verschwunden und kommt nach einiger Zeit aufgeregt wieder: ‹Ich hab Amerikaner gesehen, am Moltkeplatz! Mit Panzer! Sie kommen in die Ruhrallee!› Ja – sie kommen, sie sind da, es ist zu Ende mit uns. Wie eine Lähmung steigt es in mir auf. Nur nicht denken jetzt! Schüppe um Schüppe werfe ich die Erde um, bis es dunkel ist.

11. April: Wo ich hinkomme, höre ich von Plünderung . . . Die Sparkasse steht in lodernden Flammen.

12. April: Die Stadt füllt sich immer mehr mit amerikanischem Militär. Alles ist motorisiert. Ich sehe keinen einzigen Amerikaner zu Fuß gehen. Fabelhafte Wagen aller Art, klein und wendig, groß und geländefest, tipptoppe Reifen . . . Die Lebensmittelnot ist schon sehr fühlbar. Für ein Brot gilt es weite Wege zu machen und in langen Schlangen anzustehen. Drei Pfund Brot die Woche! Kein Gemüse, keine Milch, ein halbes Pfund Fleisch, 70 Gramm Fett als Wochenration.

13. April: Die Nachforschung nach Waffen verlief harmlos. Zwei amerikanische Militärpolizisten frugen mich an der Haustür, ob ‹pistols› im Hause wären. Auf meine Verneinung zogen sie sogleich wieder ab.

14. April: Zuhause fange ich an, die jahrelang versteckten und verstreuten Akten, Zeitschriften, Broschüren und Korrespondenzen des Kirchenkampfes zusammenzusuchen und mein Wohnzimmer als Büro der BK (Bekennenden Kirche) zu etablieren. Welche Erinnerungen werden da wieder wach! Der unselige Krieg hat das alles zum Stillstand gebracht, aber jetzt wird ein neuer Anfang werden. Und zwar ohne die ewige Behelligung durch Gestapo und ohne alle die Tarnungen . . .

15. April: H. Riesack schreibt schöne Firmenschilder für die Türe: ‹Büro der Bekennenden Kirche. Office of the Confession Church.› Und: ‹Büro des Christl. Vereins junger Männer, CVJM. Office of the Young Men's Christian Association, YMCA› . . . Ich denke viel an Winterberg . . . Abends mit Herrn Noth bei der Petroleumlampe eine Partie Schach gespielt. Die Ruhe ist unsagbar, man hört im Haus und auf der Straße keinen Laut. Kein Fliegeralarm ist mehr zu erwarten. Eine jahrelange Spannung fällt von uns ab . . .

17. April: Heute nachmittag ist wieder elektrischer Strom da.

18. April: Überall werden Persönlichkeiten gesucht, die ohne nationalsozialistische Vorbelastung sind. Da ich in dieser Richtung sehr ‹groß› dastehe, will man mich von vielen Seiten einspannen, aber ich denke nicht daran, etwas anderes anzufassen, als was mit Gemeinde und Kirche zusammenhängt.

19. April: Die fremden Sender bringen schauerliche Dinge über deutsche Konzentrationslager, insbesondere über Buchenwald, in dem man u. a. unseren Pfarrer Schneider aus Dickenschied umbrachte.

27. April: Heute nachmittag versuchte ich, einen Passierschein für kirchliche Arbeit in Rheinland und Westfalen zu erwirken. Der Engländer im Essener Hof lehnt ab . . . So ist denn die Fahrt nach Winterberg morgen unmöglich. Ich bin sehr unglücklich.

28. April: Eine abenteuerliche Reise nach Langenberg. Zunächst mit einer von Herrn Noth bestellten Lokomotive über Steele bis zur Ruhrbrücke, die gesprengt ist. Dann zu Fuß über die ebenfalls gesprengte, aber mit Kletterei noch notdürftig benutzbare Fußgängerbrücke. Auf der anderen Seite wieder eine Lokomotive, die uns bis Langenberg bringt . . .

30. April: Allenthalben eine sehr nervöse Stimmung, weil bei der Gruga* ein Massengrab von ausländischen Arbeitnehmern gefun-

* Park- und Ausstellungsgelände in Essen

den worden ist, die offenbar von der Gestapo erschossen wurden . . . Der Nationalsozialismus hat uns wahrlich eine grausige Erbschaft hinterlassen.
3. Mai: Der Kampf in Berlin scheint zu Ende zu sein. Allenthalben kapitulieren die Reste des deutschen Heeres. Dönitz als Nachfolger Hitlers. ‹Heil Dönitz›, soll das der Abschiedsgruß des Dritten Reiches sein? – Reisegenehmigung für das Sauerland erreicht!»

Der Gegner Adenauers

Mit der bedingungslosen Kapitulation am 8. Mai 1945 war das Ende des Nationalsozialismus gekommen. Wenige Tage zuvor beging Adolf Hitler im schwer umkämpften Führerbunker in Berlin Selbstmord. Mindestens tausend Jahre hatte das von ihm gegründete Dritte Reich dauern sollen. In zwölf Jahren richtete es eine Katastrophe an, wie sie die Welt bis dahin noch nicht erlebt hatte. Ganze Kontinente hatten die Deutschen mit Krieg überzogen. Das menschliche Leid jener Jahre bleibt unbeschreibbar. Es läßt sich zwar in Zahlen ausdrücken, aber diese vermitteln nur einen Anschein der Wirklichkeit, weil sie die menschliche Vorstellungskraft sprengen: etwa sechs Millionen ermordete Juden, 16 Millionen Tote durch Kampfhandlungen, vermutlich 30 Millionen Tote unter der Zivilbevölkerung in Europa und Asien.

Verglichen mit den Menschen, denen Krieg oder nationalsozialistische Barbarei die Angehörigen oder die Existenz genommen hatte, war Gustav Heinemann überaus gut davongekommen. Seine Familie fand sich bald unversehrt wieder zusammen. Das Haus an der Schinkelstraße war zwar durch Bombentreffer beschädigt, aber noch bewohnbar – die «Stunde Null» hätte schlimmer ausfallen können.

An seinem Vorsatz, nur noch das anzufassen, was mit Gemeinde und Kirche zu tun hatte, hielt Heinemann nicht lange fest. Es gab nur wenige, die durch die NS-Zeit nicht in irgendeiner Form belastet waren, und diese wenigen wurden überall gebraucht. Denn wer damals keinen «Persilschein» besaß, das heißt nicht die Bescheinigung einer vertrauenswürdigen Person, wonach er nur «Mitläufer» der Nazis gewesen sei, sich ansonsten nichts habe zu Schulden kommen lassen, der mußte mit Verhaftung rechnen. Hohe Parteigenossen und die gesamte Führung mancher Betriebe kamen damals ins Gefängnis. Auch der Krupp-Inhaber Alfred Krupp von Bohlen und Halbach wurde 1948 wegen «Plünderung und Sklavenarbeit» verurteilt und sein gesamtes Vermögen eingezogen.

Oberbürgermeister von Essen

Der Anwalt Heinemann rückte am 20. Mai 1945 bei den Rheinischen Stahlwerken zum Ordentlichen Vorstandsmitglied auf. Gleichzeitig wurde er Chef der Hauptverwaltung. Sein Vorgänger war kurz zuvor in seiner Wohnung von Plünderern erschossen worden. Die Briten, die nach der Aufteilung Deutschlands in vier Besatzungszonen den nördlichen und westlichen Teil, also auch das Ruhrgebiet verwalteten, beriefen Heinemann außerdem in eine Kommission zur Entnazifizierung gehobener Angestellter des Ruhrbergbaus, und zugleich in den «Beratenden Stadtrat».
Dieser Beratende Stadtrat war die Vorstufe für die kommunale Selbstverwaltung, die von den Briten in ihrer Besatzungszone im Laufe der Zeit so organisiert wurde, wie sie es aus Großbritannien kannten. An der Spitze einer Stadt oder Gemeinde stand der vom Parlament gewählte Bürgermeister, während die Verwaltung von einem beamteten Stadt- oder Gemeindedirektor geleitet wurde. Schon im Oktober 1945 führten die Besatzungsbehörden das neue Schema in Essen ein: Heinz Renner von der Kommunistischen Partei Deutschlands (KPD) wurde als Oberbürgermeister eingesetzt – Wahlen fanden erst im Oktober 1946 statt –, sein Stellvertreter und damit Bürgermeister war Gustav Heinemann.
In den ersten Monaten nach Kriegsende bemühten sich viele Gruppen um den angesehenen Bergwerksdirektor. Heinemann selber tendierte von Anfang an zu der sich neu formierenden Christlich-Demokratischen Union (CDU), die erstmals im politischen Bereich die Trennung der christlichen Konfessionen überwinden wollte. Die Sozialdemokratische Partei mit ihrem klassenkämpferischen und kirchenfeindlichen Profil kam dagegen für ihn

Der Rat der Stadt Essen an die Bevölkerung

Bereits seit Monaten hat der Rat der Stadt Essen in Wahrnehmung seiner Aufgabe, sich für das Wohl der Essener Bevölkerung einzusetzen, auf die drohenden Gefahren einer Ernährungskatastrophe hingewiesen. Heute muß festgestellt werden, daß ein neuer Tiefstand der allgemeinen Versorgungslage eingetreten ist, der zu den schlimmsten Befürchtungen Anlaß gibt. Die Zahl der Krankenzulageempfänger und Tuberkulosekranken steigt unaufhaltsam.

Von den aufgerufenen Rationen für Normalverbraucher wurden in Essen in der 1. Woche der 100. Zuteilungsperiode 1702, in der 2. Woche nur 1183, in der 3. Woche nur 1126, in der 4. Woche sogar nur 741 Kalorien geliefert. Voraussichtlich wird auch in der laufenden und in der kommenden Woche der Kaloriensatz nicht höher sein.

Auf Grund der gemeldeten Eingänge an Getreide und Mehl ist es nicht möglich, mehr als 1500 Gramm Brot für den Normalverbraucher in der kommenden Woche aufzurufen.

Ein Aufruf von Fleisch, Fett und Kartoffeln kann in der kommenden Woche überhaupt nicht erfolgen.

An Nährmitteln sind zwar von den übergeordneten Stellen 500 Gramm, die aus der 4. Woche der 100. Zuteilungsperiode rückständig sind, aufgerufen worden; jedoch sind die erforderlichen Mengen z. Z. in Essen noch nicht voll verfügbar.

Die in der laufenden Woche gültiggestellten Fleischabschnitte können z. Z. nicht voll beliefert werden, weil die erforderlichen Fleischmengen nicht eingetroffen sind.

Die aus den Überschußgebieten eintreffenden Mengen an Speisekartoffeln reichen nicht einmal zur Versorgung der Bergarbeiterpflichtküchen aus. Es ist vorläufig auch nicht möglich, die vom Landesernährungsamt als Ersatz für Kartoffeln aufgerufenen 1000 Gramm Maismehl zu liefern.

Die Zufuhren an Frischgemüse und Fisch sind völlig unzureichend.

Möglichkeiten für eine Abhilfe sind dem Rat der Stadt Essen nicht gegeben. Er hält es für seine Pflicht, diesen Sachverhalt der Bürgerschaft hiermit offen bekanntzugeben.

Im Auftrage des Rates der Stadt Essen

Dr. Heinemann

Essen, den 30. April 1947. Oberbürgermeister

nicht in Frage. Heinemann gehörte in Essen zu den Gründern der CDU und hat dafür gesorgt, daß Anhänger des katholischen Zentrum mit ihren zum Teil fortschrittlichen Auffassungen zur Gesellschaftspolitik den Weg in die neue Partei fanden. Forderungen etwa nach einer Verstaatlichung von Großbetrieben und einer Demokratisierung der Wirtschaft, wie sie 1949 in das Ahlener Programm der CDU eingegangen sind, kamen in erster Linie von ehemaligen Zentrumsmitgliedern, die den Großunternehmen die Schuld am Nationalsozialismus und am Krieg anlasteten.

Über den politischen Sinn der Union hat Gustav Heinemann im Sommer 1949 in einer Wahlrede in Heidelberg erklärt: «Wer heute in Regierungen und Parlamenten Männer und Frauen am Werke sehen will, die aus christlicher Verantwortung handeln, kann es nicht in Absonderung der evangelischen von den katholischen oder der katholischen von den evangelischen Mitbürgern verwirklichen, sondern nur in politischer Gemeinschaft beider. Das ist ganz schlicht und einfach der Sinn der Union . . . Diese Union ist geboren aus den Erkenntnissen des Dritten Reiches.»

Daß die neue Partei auch beim Wähler ankam, zeigte sich schon bei der ersten Kommunalwahl in Essen im Oktober 1946. Die Christlichen Demokraten gewannen auf Anhieb die Mehrheit. Sie wählten den Bürgermeister Gustav Heinemann zum Oberbürgermeister. Angesichts der unbeschreiblichen Not, die überall herrschte, wurde das neugewählte Stadtoberhaupt ganz gefordert. Die Trostlosigkeit trieb viele zu Verzweiflung und Selbstmord. Um den Menschen wieder Mut zu machen, griff Heinemann gelegentlich selber zu Schaufel und Spitzhacke, damit der Schutt von den Straßen kam. Mit Nachdruck bekämpfte er die Demontage von Industrieunternehmen. Die Alliierten waren zunächst auf den Gedanken gekommen, Deutschland in den Zustand eines Agrarlandes zu versetzen, damit es nie wieder Krieg führen könne. Der amerikanische Finanzminister Arthur Morgenthau hatte solche Pläne schon 1944 entwickelt. Nach dem Krieg setzte sich dann US-Außenminister George C. Marshall mit seinem Hilfsprogramm für einen raschen wirtschaftlichen Aufbau in

den drei Westzonen durch, was letztlich auch im Interesse der Handelsmacht USA lag.
Heinemanns Wunsch, sich auf *ein* politisches Amt zu konzentrieren, wurde schon bald durchkreuzt. Die britischen Militärbehörden meinten, auf ihn in den Provinzialräten, der Zwischenstufe zwischen den Kommunen und der Landesregierung, nicht verzichten zu können. Darüber hinaus veranlaßte die CDU den Oberbürgermeister, für die erste Landtagswahl in Nordrhein-Westfalen im Jahre 1947 in einem Essener Wahlkreis zu kandidieren. Natürlich bekam Heinemann genügend Stimmen für ein Mandat im Düsseldorfer Landtag.

Justizminister für ein Jahr

Bei der Regierungsbildung ergab sich für den nordrhein-westfälischen Ministerpräsidenten Karl Arnold (CDU) unversehens ein Problem. Die britischen Militärbehörden erhoben Einspruch gegen den als Justizminister vorgesehenen Arthur Sträter, weil dieser kein Landtagsmandat erzielt habe. Arnold wußte sich keinen anderen Ausweg, als den Essener Oberbürgermeister zu bitten, das Justiz-Ressort so lange zu übernehmen, bis eine Einigung mit den Engländern erreicht sei. Heinemann tat ihm den Gefallen. Auf dem Bogen mit dem Briefkopf des Justizministers schrieb er am 30. Juni 1947 seiner Mutter:
«Sicherlich ist die Arbeit hier sehr interessant, aber ich möchte doch lieber ausschließlich in den Essener Bereich zurückkehren und nicht in der Politik untergehen. Um die leidige Regierungsbildung in Düsseldorf nicht noch länger schmoren zu lassen, konnte ich mich der Sache hier nicht entziehen. Ich habe aber das Mögliche getan, um ehestens abgelöst zu werden. Hoffentlich gelingt es bald.»
Nach einem Jahr akzeptierten die Briten den von Arnold vorgesehenen Justizminister Sträter, und Justizminister Heinemann bestand trotz des Angebots, ein anderes Ressort zu übernehmen,

energisch auf seiner Ablösung.
Danach widmete sich Heinemann wieder in verstärktem Maße der Arbeit im Essener Rathaus. Er nahm sich vor, bei künftigen Angeboten hart zu bleiben und abzulehnen. So fragte der Parlamentarische Rat, von den Landtagen der drei westlichen Besatzungszonen gewählt und beauftragt, eine Verfassung auszuarbeiten, vergeblich im Essener Rathaus an, ob der Oberbürgermeister mit seinem juristischen Sachverstand bei der schwierigen Aufgabe helfen könne. Der Verzicht ist Heinemann schwergefallen. Das am 23. Mai 1949 verkündete Grundgesetz der Bundesrepublik Deutschland entstand ohne seine Mitwirkung.
Ein zweites Angebot kam von der CDU. Konrad Adenauer, Präsident des Parlamentarischen Rats und innerhalb der CDU bereits unumstrittene Autorität, obwohl er nicht zum Gründerkreis der Union gehörte, bat ihn am 29. Juni 1949, für die erste Bundestagswahl im August 1949 einen Wahlkreis zu übernehmen, und fügte hinzu: «Ich bitte Sie dringendst, diese Wünsche unserer Freunde zu berücksichtigen und die Kandidatur anzunehmen.» Unter dem Datum 7. Juli 1949 formulierte Heinemann seine Absage an Adenauer: «Das Essener Rathaus war der Sinn meines Ausscheidens in Düsseldorf im vergangenen Jahr. Unsere hiesigen Freunde sind mit mir darin einig, daß ich es im Vergleich zu einem Bundestagsmandat als vordringliche Aufgabe anzusehen habe.» Das Rathaus hatte also Vorrang.

«Wir klagen uns an»

Doch etwas hatte Gustav Heinemann neben Beruf, Oberbürgermeisteramt und Justizministeraufgaben in Düsseldorf nicht vernachlässigt: seine kirchlichen Aktivitäten. Der Leitung der Evangelischen Kirche im Rheinland gehörte er seit Mitte 1945 an. Wenig später bildete sich in der hessischen Stadt Treysa der Rat der Evangelischen Kirche in Deutschland (EKD), der angesichts der Westorientierung der Bundesrepublik in den folgenden Jahren

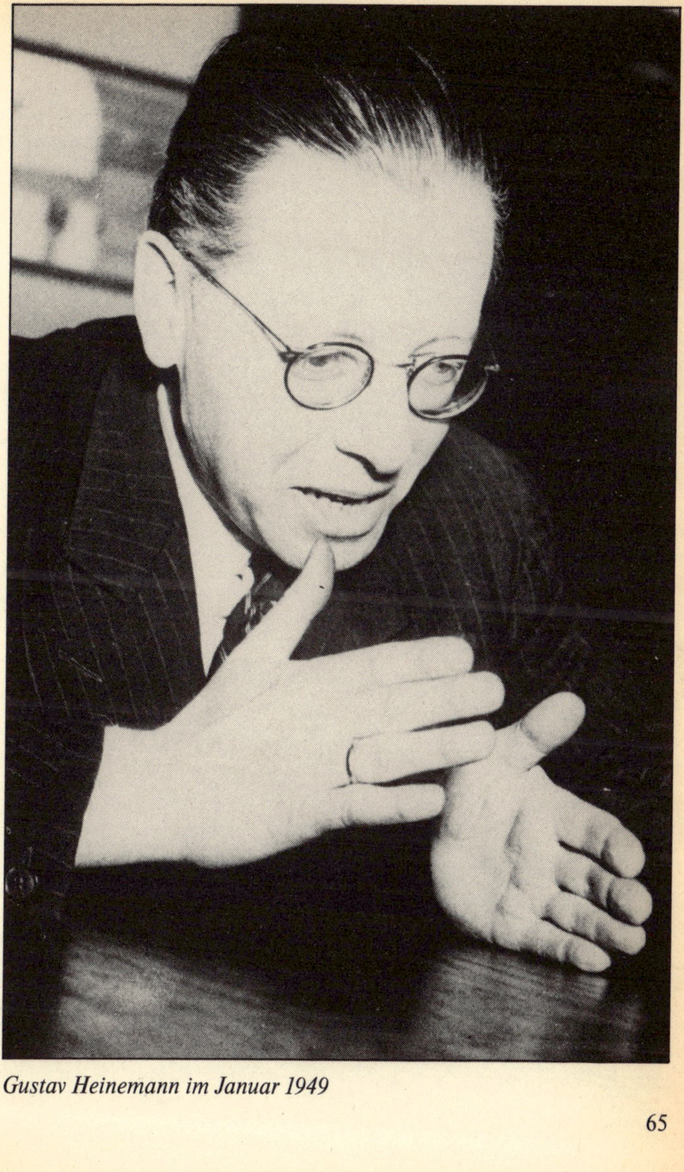

Gustav Heinemann im Januar 1949

zum wichtigsten Bindeglied zwischen den westlichen Besatzungszonen und der Ostzone wurde.
Die einzigen Nicht-Theologen im Rat der EKD waren ein Göttinger Wissenschaftler und eben Gustav Heinemann, für den neben der Frage der Wiedervereinigung das Aufarbeiten der jüngsten deutschen Vergangenheit im Vordergrund stand. Unter seiner Mitwirkung wurde schon im Oktober 1945 die *‹Stuttgarter Erklärung›* verabschiedet, die großes Aufsehen erregte, vor allem weil sie von solchen Persönlichkeiten mitunterzeichnet wurde wie Heinemann, die selber im Widerstand gegen den Nationalsozialismus gestanden hatten. Die wichtigsten Sätze daraus: «Durch uns ist unendliches Leid über viele Länder und Völker gebracht worden. Was wir unseren Gemeinden oft bezeugt haben, das sprechen wir jetzt im Namen der ganzen Kirche aus: Wohl haben wir lange Jahre hindurch im Namen Jesu Christi gegen den Geist gekämpft, der im nationalsozialistischen Gewaltregiment seinen furchtbaren Ausdruck gefunden hat; aber wir klagen uns an, daß wir nicht mutiger bekannt, nicht treuer gebetet, nicht fröhlicher geglaubt und nicht brennender geliebt haben.»
Diese Selbstanklage war, wenn man so will, der erste Kniefall von Deutschen nach dem Krieg vor den millionenfachen Opfern der im Namen Deutschlands begangenen Verbrechen. Das Zur-Seite-Schieben und Verdrängen dieses bösen Kapitels unmittelbarer Vergangenheit begann schon 1945. Wie lebendig der alte nationalsozialistische Geist trotz des totalen Bankrotts weiterhin blieb, verdeutlicht ein Brief aus dem Jahr 1947 an den Oberbürgermeister der Stadt Essen, Gustav Heinemann. Absender des mit «Heil Hitler» unterzeichneten Schreibens war die «Nationalsozialistische Deutsche Arbeiterpartei – Gauleitung Essen», die folgende Drohung an das Rathaus richtete: «Da die Ernährungslage in Essen immer schlechter wird und die Essener Bevölkerung dem Verhungern nahe ist, so richte ich mich in diesem Schreiben direkt an Sie. Sollte es Ihnen aber nicht gelingen, den Essenern zu helfen, dann wird in der nächsten Zeit Ihr Kopf rollen, denn wir Nationalsozialisten sind noch da.»

«Bundesminister wider Willen»

Trotz mancher Bedenken gab Heinemann noch im Herbst des für die Bundesrepublik so ereignisreichen Jahres 1949 sein Oberbürgermeisteramt in Essen auf, um als Bundesinnenminister nach Bonn zu gehen. Die Bundestagswahl am 14. August hatte den Unionsparteien CDU und CSU zwar eine Mehrheit gebracht, um jedoch die Regierung übernehmen zu können, mußten sie entweder mit den Sozialdemokraten eine große Koalition schließen oder mit zwei kleineren Parteien, den Freien Demokraten und der Deutschen Partei (DP), zusammengehen. Der arbeitnehmerorientierte linke Flügel der CDU befürwortete ein Bündnis mit der SPD, weil er sich davon Chancen zur Durchsetzung sozialpolitischer Ziele versprach. Konrad Adenauer dagegen steuerte von Anfang an die kleine Koalition mit der liberal-konservativen FDP und der rechtsgerichteten DP an. Diese Machtbasis war so schmal, daß er nur mit der kleinsten Mehrheit von 202 Stimmen bei insgesamt 402 stimmberechtigten Abgeordneten am 15. September 1949 zum Kanzler gewählt wurde.

Die Regierungsbildung ging nicht glatt über die Bühne. Beim Koalitionspoker hatte die CDU/CSU 13 Ministerposten für sich reserviert. Die Abgeordneten zählten nach und stellten fest, daß in der Namensliste nur ein Protestant verzeichnet war: Ludwig Erhard, der künftige Bundeswirtschaftsminister. Der katholische Regierungschef mußte sich den Vorwurf mangelnder konfessioneller Ausgewogenheit anhören – dieser Gesichtspunkt spielte auch bei späteren Regierungsbildungen immer eine Rolle. Adenauers Gegenvorschlag lautete, die Fraktion solle ihm einen «prominenten Evangelischen» benennen. Drei Abgeordnete machten sich auf die Suche und kamen schnell zu einem Ergebnis: Gustav Heinemann, Oberbürgermeister von Essen und Präses der Synode der Evangelischen Kirche in Deutschland/EKD. Dieser war nicht nur als Mann der Kirche, sondern auch als Parteipolitiker bundesweit bekannt. Noch eine andere Überlegung führte zu dem Heinemann-Vorschlag. Gerd Bucerius, CDU-Bundestagsabgeordneter und

Verleger aus Hamburg, der zur Findungskommission gehörte, schreibt in seinem Buch *‹Der Adenauer›*:
«Sein zu erwartender Widerstand gegen Adenauer gab den Ausschlag; treue Gefolgsleute hatte Adenauer genug im Kabinett. Sympathisch war auch Heinemanns Lebensstil. Aus der Heimat hatte er ‹Milchreis bergisch› mitgebracht. Das ist ein starker Vier-Uhr-Kaffee, dazu Milchreis mit Schwarzbrot und Pflaumenmus; reichlich serviert, spart das der bergischen Hausfrau das Abendbrot für die Kinder.»
Gustav Heinemann zögerte, konnte schließlich aber nicht ablehnen, zumal er selber im Gespräch mit Bonner Parteifreunden die Kabinettsliste als konservativ und unausgewogen kritisiert hatte. Ein einziger trockener Satz aus seinen Aufzeichnungen läßt ahnen, wie schwer ihm die Entscheidung gefallen ist: «Damit geriet ich unter einen ungewöhnlichen Druck, mich aus Essen zu lösen.» Die Rheinstahl AG sicherte ihm zu, er könne später auf seinen Arbeitsplatz als Bergwerksdirektor und Vorstandsmitglied zurückkehren, und Heinemann willigte ein. Ab 20. September 1949 war er vereidigter Bundesminister des Inneren.
Der «Bundesminister wider Willen», wie Helmut Lindemann ihn in seiner Biographie *‹Gustav Heinemann – ein Leben für die Demokratie›* genannt hat, wurde mit Glückwünschen überhäuft. In einem seiner Dankesschreiben teilte Heinemann mit, er werde seine Familie erst dann nach Bonn holen, wenn feststehe, daß der Sitz der Bundesregierung dort verbleibe. Wie alles in der jungen Bundesrepublik damals war auch Bonn als Bundeshauptstadt ein Provisorium, und die Übernahme eines Ministeramtes hieß in den meisten Fällen nicht viel mehr als die Übernahme eines großen Gebäudes mit vielen leeren Räumen.

Rein sachlich

Ein ausgesprochener Parteipolitiker ist Gustav Heinemann in den folgenden Jahren nicht geworden. Sein Verhältnis zur Politik unterschied sich wesentlich von dem anderer Politiker. Ihn trieb weder Eitelkeit noch Ehrgeiz. Über eine Hausmacht hat er nie verfügt, nicht in der CDU und auch nicht später in der SPD. Als Bundesminister des Inneren besaß er ja nicht einmal ein Bundestagsmandat. Taktik, Schläue und notfalls Rücksichtslosigkeit, ein solches Instrumentarium zur Durchsetzung politischer Ziele stand Gustav Heinemann nicht zur Verfügung.

Seinem Essener Anwaltskollegen, Justizrat Niemeyer, schrieb Heinemann im November 1946: «Ich bin noch mit keinem Menschen um einer anderen politischen Überzeugung willen innerlich auseinandergekommen. Ich empfinde im Politischen gar keine metaphysische Leidenschaft, vielmehr rein sachlich. Denn nichts ist vordergründiger als alles menschliche Politisieren inmitten der Weltpolitik Gottes.»

Rein sachlich – dabei sollte es bleiben. Die Distanz zum politischen Alltagsgeschäft hielt Heinemann jedoch nicht davon ab, entschlossen die Sache seiner Partei, der CDU, zu vertreten. Schließlich besaß diese CDU ein Programm, für das er eintreten konnte. Der Arbeitnehmerflügel der Partei hatte 1947 auf dem Parteitag in der westfälischen Kleinstadt Ahlen Thesen durchgesetzt, die eine Verstaatlichung von Großbetrieben zum Beispiel des Kohlebergbaus und eine Demokratisierung der Wirtschaft propagierten. Von dem Ahlener Programm, mit dem die CDU immerhin die erste Bundestagswahl im Jahre 1949 gewann, sagte Heinemann in einer Wahlrede, es wolle «der Person inmitten der Großstadt und inmitten der Großbetriebe wieder Spielraum verschaffen und die private Wirtschaftsmacht durch Auflockerung und Machtverteilung brechen».

Solche Sätze konnte man auch von anderen Repräsentanten des linken Parteiflügels hören. «Sozialismus aus christlicher Verantwortung» – so lautete die Überschrift dieser Politik, die endlich die Konsequenzen aus zwei verlorenen Weltkriegen ziehen sollte. Ihr Ziel war eine «neue soziale Ordnung». Im Kabinett Adenauer war Bundesinnenminister Gustav Heinemann der Repräsentant dieses linken Parteiflügels, wobei er sicherlich nicht zu den Verfechtern eines rigorosen Verstaatlichungsprogramms gehörte, sondern als ehemaliger Bergwerksdirektor eher der Anwalt einer sozialorientierten Erneuerung war.

«Meine APO-Jahre»

Mit dem Eintritt in das Kabinett Adenauer begann für Gustav Heinemann die turbulenteste und – wie er später rückblickend immer wieder feststellte – die wichtigste Phase seines Lebens. «Meine APO-Jahre» hat er diese Zeit genannt.

Der große alte Mann aus dem kleinen Rhöndorf auf der westlichen Rheinseite, geprägt vom liberalen rheinischen Katholizismus, war zäher als die meisten Jüngeren in seiner Umgebung, obwohl er bei der Wahl zum Regierungschef immerhin schon das Alter von 73 Jahren erreicht hatte. Adenauer duldete selten Widerspruch. Er war schlau, nicht zimperlich in der Wahl seiner Methoden, rücksichtslos, wenn sich ihm jemand in den Weg stellte – das genaue Gegenteil also von Heinemann, dem um fast eine Generation Jüngeren, dem nüchternen und kühlen Protestanten, der jedem Herrschaftsanspruch zunächst einmal mißtraute und sich das Denken nicht gern abnehmen ließ, auch nicht von Konrad Adenauer.

Wie sich bald herausstellte, dachten diese beiden Politiker in fast allen wichtigen Fragen der gerade entstehenden Bundesrepublik völlig unterschiedlich, vor allem in der Deutschland-Politik und in der Frage der Wiederbewaffnung. Der Konflikt zwischen Adenauer und Heinemann war von Anfang an unvermeidlich.

Der erste Zusammenstoß ereignete sich schon gegen Ende 1949, ein Vierteljahr nach Aufnahme der Regierungsgeschäfte. Der evangelische Pfarrer Martin Niemöller, im Dritten Reich führend in der Bekennenden Kirche und mit Gustav Heinemann trotz mancher Kontroversen freundschaftlich verbunden, gab im Dezember des Jahres 1949 ein Interview, in dem er die Bundesrepublik als einen Staat bezeichnete, der «im Vatikan gezeugt und in

Washington geboren» worden sei. Adenauer sprach in einer Kabinettssitzung seinen Innenminister auf diese Attacke an. Heinemann distanzierte sich von der Darstellung Niemöllers, bemühte sich aber gleichzeitig um Verständnis für die Kritik des Pfarrers, der im Dritten Reich für seinen Widerstand in KZ-Haft gesessen habe. Der Kanzler blieb ungehalten, und die Sitzung ging mit einem deutlichen Mißklang zu Ende.

Der nächste Konflikt ließ nicht lange auf sich warten. In seiner Eigenschaft als Präses der Synode der Evangelischen Kirche in Deutschland hatte Heinemann Einladungen zu einer Kundgebung in Ostberlin an die vier Stadtkommandanten verschickt, an den Berliner Bürgermeister Ernst Reuter und an die Regierungen der beiden deutschen Staaten, von denen der zweite noch unter Sowjetische Besatzungszone (SBZ) firmierte, obwohl er sich entsprechend der Entwicklung in den westlichen Besatzungszonen ebenfalls 1949 staatliche Organe zugelegt hatte.

Für Adenauer bedeutete das Verschicken einer solchen Einladung bereits einen Akt der Anerkennung des «ostzonalen Regimes». Schriftlich machte er den Bundesinnenminister darauf aufmerksam, die Bundesregierung distanziere sich von dieser Einladung «völlig». Gustav Heinemann hatte bis dahin seine kirchlichen Ämter intensiv dazu benutzt, die Verbindungen zur DDR durch Reisen und gemeinsame Kundgebungen aufrechtzuerhalten, und er gedachte, dies auch als Bonner Minister beizubehalten. Denn er war fest davon überzeugt, daß eine Wiedervereinigung erreichbar sei trotz der auf beiden Seiten bereits geschaffenen Fakten, wenn nur alle politischen Anstrengungen darauf gerichtet seien. Die brüske Zurechtweisung durch Adenauer machte ihm erneut klar, daß er dem Kanzler «als Person oder als Fachmann für das Innenministerium längst nicht so wichtig war wie als Stimmenfänger für evangelische Wähler».

«Er war ein sehr weicher Mensch»

Kurze Zeit nach der schriftlichen Abkanzelung durch Adenauer, im Mai 1950, setzte sich Heinemann telefonisch mit Helmut Gollwitzer in Verbindung, der an der Universität Bonn seit einiger Zeit eine Professur für Systematische Theologie ausübte. Ende 1949 war Helmut Gollwitzer – wie dieser sich ausdrückte – «dem Teufel von der Schippe gesprungen», das heißt, der sowjetischen Kriegsgefangenschaft heil entkommen. Als Pfarrer der Bekennenden Kirche vertrat Gollwitzer den verhafteten Martin Niemöller in der Gemeinde Berlin-Dahlem und war Dozent an der illegalen Hochschule der Bekennenden Kirche in Berlin. Er wurde mehrfach verhaftet, 1940 aus dem Amt gewiesen, mit Redeverbot belegt und schließlich zur Wehrmacht eingezogen. An der russischen Front tat er Dienst als Sanitäter, was ihn davor bewahrte, auf andere Menschen schießen zu müssen.

Über die fast fünf Jahre sowjetischer Gefangenschaft schrieb Gollwitzer das Buch ‹*. . . und führen, wohin du nicht willst*›. Der durch seine Sachlichkeit spannende ‹*Bericht einer Gefangenschaft*› setzt sich kritisch mit dem dogmatischen Kommunismus Stalinscher Prägung auseinander, den der Theologe ebenso entschieden ablehnte, wie er in den folgenden Jahren einen von christlicher Verantwortung getragenen Sozialismus als einzigen Ausweg aus der Krise des Kapitalismus verteidigte.

Bei dem ersten Wiedersehen zwischen Heinemann und Gollwitzer wurden nicht nur Erinnerungen an die dreißiger Jahre ausgetauscht, mehr noch besprachen sie die politische Weichenstellung, die sich in dieser Zeit in Bonn vollzog: Ob sich die Bundesrepublik zum Westen hinwenden oder eine bestimmte Art von Neutralität mit der Chance der deutschen Wiedervereinigung ausüben sollte.

Dem ersten Treffen folgten regelmäßige Begegnungen, abwechselnd im Ministerium oder in Gollwitzers Junggesellenbude, mal in größerer Runde, mal zu zweit oder dritt. Dabei wurde nicht nur politisiert. Heinemann brachte dem Theologieprofessor und spä-

ter auch dessen Frau das Skatspielen bei, das oft genug die letzten Stunden bis Mitternacht füllte.
Die Strenge, die Heinemann als Politiker ausstrahlte und die für manche Parteifreunde sogar etwas Anziehendes besaß, war nur ein Teil seines Wesens, der andere bestand aus einer Warmherzigkeit, die vielen verborgen blieb. Helmut Gollwitzer, der ihn in den folgenden Jahren besser kennenlernte als jeder andere, beschreibt diese Seite seines Wesens:
«Er war viel zu spröde, um von seinem Gefühlsleben etwas zu erzählen. Aber ich muß sagen, er war – im Unterschied zu dem Bild nach außen – ein sehr weicher Mensch. Also, wie oft konnte er einen mit so weichen Augen anschauen oder leicht gerührt sein durch fremdes Leid. Er war ja nicht hinter der Maske, aber hinter der Haltung eines pflichttreuen Preußen ein Mann mit einem ganz weichen Gemüt.»
Das grämliche Image, das seine politischen Gegner Heinemann immer wieder andichteten, hatte mit ihm wenig zu tun, denn er war zugleich ein humorvoller Mensch. Mit zwei, drei Worten konnte er schallendes Gelächter auslösen. Seine Wortwitze lebten von Situationen, die schwer rekonstruierbar sind. Die über Gustav Heinemann verbreiteten Anekdoten haben deshalb oft etwas Fades an sich, weil sie die Situation unberücksichtigt lassen, in der seine trockenen Kommentare entstanden sind. Jedenfalls erlaubte ihm sein Ruhrgebietsgemüt, mit ganz wenigen Worten alles Wesentliche auszudrücken. So beschrieb er 1950 sein Verhältnis zur Bundeshauptstadt mit dem knappen Satz: «Ich bin eine Leihgabe der Stadt Essen an Bonn.»

Adenauers einsamer Entschluß

Im Spätsommer 1950 gab es bei den regelmäßigen Treffen zwischen Heinemann und Gollwitzer nur noch ein Thema: die deutsche Wiederbewaffnung. In der Öffentlichkeit wurde seit Wochen über eine bevorstehende Entscheidung in Bonn spekuliert. In der

Kabinettssitzung am 31. August bestätigte Bundeskanzler Adenauer eine sensationelle Nachricht, die die Minister schon am Morgen mit einiger Verblüffung in den Zeitungen gelesen hatten, daß Adenauer nämlich über die Köpfe seiner Kabinettskollegen hinweg den Westmächten deutsche Soldaten als Teil einer Wiederaufrüstung angeboten habe. Am Tag vor der Kabinettssitzung hatte der Kanzler dem amerikanischen Hochkommissar McCloy ein Sicherheitsmemorandum übergeben, in dem er die Bereitschaft äußerte, mit einem deutschen militärischen Kontingent von 150000 Mann zum Aufbau einer gemeinsamen westeuropäischen Verteidigung beizutragen. Über das Memorandum war im Kabinett vorher zwar gesprochen, aber nicht abschließend beraten und gar entschieden worden. Angesichts einer solchen Ungeheuerlichkeit meldete Bundesinnenminister Heinemann scharfen Protest an: «Das mache ich nicht mit!»
Adenauer: «Was bedeutet das, Heinemann?»
Der Minister: «Ich scheide aus!»
Adenauer versuchte abzulenken, indem er Heinemann nahelegte, sich mehr um sein eigenes Ressort und dort um die Bekämpfung kommunistischer Unterwanderung zu kümmern. Aber die Rücktrittsdrohung blieb erst einmal auf dem Tisch.
Was Heinemann bestürzte und empörte, war nicht nur die Form, in der Adenauer seine Kompetenzen als Regierungschef wahrnahm, sondern vor allem der Vorgang selbst, dessen Tragweite noch niemand überblicken konnte. Mit seiner ablehnenden Haltung befand sich der Innenminister in deutlicher Übereinstimmung mit der Bevölkerung, die fünf Jahre nach Kriegsende mehrheitlich jede Form der Wiederbewaffnung ablehnte und im übrigen nicht an Waffen und Uniformen dachte, sondern an die Überwindung der überall noch spürbaren materiellen Not. Auch den ehemaligen Wehrmachtsangehörigen war nach zwei verlorenen Weltkriegen die Lust, wieder eine Uniform anzuziehen, gründlich vergangen. Die «Ohne-Mich-Stimmung» kennzeichnete am besten der bayerische Nachwuchspolitiker Franz Josef Strauß (CSU), im Zweiten Weltkrieg Oberleutnant und Chef einer Flak-

batterie, mit dem Satz: «Eher soll mir eine Hand verdorren, als daß ich noch eine Waffe trage.» Ähnlich abweisend gegenüber jeder Remilitarisierung hatte sich auch Konrad Adenauer zuvor in seinen Wahlreden geäußert.

Gustav Heinemann lehnte die Wiederbewaffnung nicht aus einer pazifistischen Haltung heraus ab. Er war kein Pazifist, wenngleich besonders der Zweite Weltkrieg seine Antipathie gegenüber allem Militärischen verstärkt hatte. Den Aufbau einer bundesdeutschen Armee hielt er zu jenem Zeitpunkt für grundsätzlich falsch, einmal weil die Westmächte eine Sicherheitszusage für die Bundesrepublik abgegeben hatten, und zum anderen weil nach seiner Überzeugung die Wiederbewaffnung zwangsläufig alle Chancen zur Wiedervereinigung Deutschlands zerstören würde. Die Geschichte hat ihm in den folgenden Jahren recht gegeben. In den kirchlichen Gremien führte Heinemann darüber hinaus theologische Gegenargumente an: «Wenn ein Krieg mit Völkermord identifiziert wird, wenn er das größere Übel ist im Vergleich zu dem, was abgewehrt werden soll, wenn er eine auch nur halbwegs sinnvolle Lösung der strittigen Probleme nicht mehr darzustellen vermag, dann hört die Bejahung des Kriegsdienstes als einer möglichen Pflicht des Christen auf.»

Sein Freund Helmut Gollwitzer dachte in dieser Frage anders. Er befürchtete, daß Stalin, der sowjetische Alleinherrscher, das Ruhrgebiet militärisch «kassieren» wollte, und stand deshalb der Aufrüstung jedenfalls nicht ablehnend gegenüber: «Ich war der Meinung: Grundsätzlich hat der Staat den Auftrag, durch Anwendung auch von Gewalt für Recht und Frieden zu sorgen. Damit ist also auch das Militär abgesegnet. Und dann war es nur noch eine politische Ermessensfrage, so schien es mir, ob dieser Staat in dieser besonderen Situation sich Militär zulegen soll oder nicht. Und bei einer Ermessensfrage paßte es eigentlich nicht, so mit einem letzten ethischen Pathos aufzutreten, wie Niemöller und Heinemann es taten.»

In den Wochen nach der Kabinettssitzung Ende August gab es mehrere Vermittlungsversuche. Auch Heinemann selbst erklärte

sich in einer schriftlichen Mitteilung an den Kanzler mit dem Aufbau einer Bundespolizei einverstanden, lehnte jedoch die Mitwirkung an einer militärischen Rüstung weiterhin entschieden ab. In einem umfangreichen Papier für den Bundeskanzler legte Heinemann seine Position noch einmal ausführlich dar. Darin heißt es: «Jede Aktivität der Bundesrepublik zum gegenwärtigen Zeitpunkt, die über eine den inneren Bedürfnissen entsprechende Bundespolizei hinausgreift, würde den Riß durch Deutschland vertiefen und die Spannungen verschärfen, ohne unsere akute Bedrohung zu beheben.»
Diese unmißverständliche Haltung brachte Heinemann unter Druck von allen Seiten. Seine protestantischen Parteifreunde wollten ihn unter allen Umständen im Kabinett behalten und drängten ihn zur Kompromißbereitschaft. Aus dem unmittelbar kirchlichen Bereich hörte er dagegen immer wieder den Appell, hart zu bleiben und nicht nachzugeben. Heinemann selber bat Adenauer um eine persönliche Aussprache, die allerdings vom Kanzler-Büro wochenlang unter Hinweis auf terminliche Schwierigkeiten verschoben wurde. Für den Minister bedeutete das eine fast unerträgliche Situation, weil er sich vor dem Gespräch mit dem Kanzler öffentlich nicht äußern konnte. Der Konflikt eskalierte schließlich durch einen Offenen Brief Martin Niemöllers vom 4. Oktober 1950 an den Bundeskanzler, in dem es hieß, «die Wiederbewaffnung deutscher Menschen für einen möglichen Krieg» werde mit allen Mitteln betrieben. Außerdem war darin von Volksbetrug und zu erwartendem aktiven Widerstand die Rede.

Der Rücktritt

Am Vormittag des 9. Oktober fand schließlich die Aussprache zwischen Adenauer und Heinemann statt. Sie verlief in einer frostigen Atmosphäre. Es stellte sich schnell heraus, daß sich beide nicht mehr viel zu sagen hatten. Adenauer mißfiel nicht nur der Offene Brief Niemöllers, sondern auch die Absicht des Ministers,

am 15. Oktober auf einer kirchlichen Veranstaltung eine Rede zu halten. Heinemann erwiderte, er werde die Rede nicht absagen. Im übrigen sei er entschlossen, wegen der Wiederbewaffnungspläne des Kanzlers seinen Rücktritt unverzüglich zu vollziehen. Damit war das Tischtuch endgültig zerschnitten.
Heinemann unterrichtete unmittelbar nach dem Gespräch die Deutsche Presse-Agentur (dpa) und den Nordwestdeutschen Rundfunk (NWDR), daß er seinen Rücktritt eingereicht habe, weil Adenauer der Remilitarisierung zustimme. Einige Stunden später übermittelte ihm der Kanzler per Eilboten einen in der Form äußerst unhöflichen Brief, in dem er – ohne jede Anrede – den Minister darauf aufmerksam machte, daß dieser noch im Amt sei und deshalb das Amtsgeheimnis zu wahren habe.
Am folgenden Tag – es war der 10. Oktober 1950 – hatte der Minister die von Bundespräsident Heuss unterzeichnete Entlassungsurkunde in der Hand. Zwölf Monate war Heinemann Bundesinnenminister gewesen.
Der Presse übergab er eine umfangreiche Erklärung, die eine genaue Schilderung der Rücktrittsgründe enthielt. In einem der letzten Absätze wandte er sich direkt an seinen Gegenspieler Adenauer: «Der Bundeskanzler denkt in den Formen autoritärer Willensbildung und des stellvertretenden Handelns. Streiten wir dabei nicht um Verfassungswortlaute. Wo ein Wille zur Mitbeteiligung des Volkes vorhanden ist, gibt es auch Wege, um diese Mitbeteiligung aufzuschließen. Wir werden unser Volk nur dann demokratisch machen, wenn wir Demokratie riskieren. Wenn in irgendeiner Frage der Wille des deutschen Volkes eine Rolle spielen soll, dann muß es in der Frage der Wiederaufrüstung sein.»
Der Kanzler selber gab später eine andere Version des Ministerrücktritts. In seinen vierbändigen ‹*Erinnerungen*› widmete er diesem Vorgang fünf kurze Absätze, die nicht einmal eine Textseite füllen. Diese Zeilen sind voller Ironie. Nach Darstellung des Kanzlers muß der Minister ein Sicherheitsrisiko erster Güte gewesen sein, denn er «nahm zu den Fragen: Schutz der Verfassung, Aufbau der Polizei und zu der Frage einer etwaigen Beteiligung

Deutschlands an einer europäisch-amerikanischen Streitmacht eine sehr passive beziehungsweise negative Haltung ein».

Die Argumente des Ministers erscheinen in den ‹*Erinnerungen*› als weltfremd, ja beinahe kindisch. Heinemann habe den Standpunkt vertreten, daß man, nachdem Gott den Deutschen zweimal die Waffen aus der Hand geschlagen habe, sie nicht zum drittenmal ergreifen dürfe. «Man müsse Geduld haben, um den Willen Gottes im Weltregiment zu erkennen, und in Ruhe abwarten, wie sich alles entwickeln werde. Man könne zwar den Willen Gottes jetzt noch nicht erkennen, aber nach seiner Überzeugung würde sich in einem bis eineinhalb Jahren eine klare Situation zeigen.» Adenauer weiter: «Ich möchte hier über Gottvertrauen an sich und über Frömmigkeit im allgemeinen nichts sagen, aber ich hatte Herrn Heinemann, als er mich beschwor, in der Sache der Verteidigung der Bundesrepublik nichts zu tun, erwidert, daß nach meiner Auffassung Gott uns den Kopf zum Denken gegeben habe und die Arme und Hände, um damit zu handeln.»

Der Rücktritt erregte zwar beträchtliches Aufsehen in der Bundesrepublik, aber politisch bewirkte er wenig. Heinemanns schwache Hoffnung, der eine oder andere Kabinettskollege werde sich anschließen – aus privaten Äußerungen einzelner Minister konnte er diesen Schluß ziehen –, erfüllte sich nicht. Die Berlin-Blockade durch die Sowjetunion 1948/49 und der Ausbruch des Korea-Krieges 1950 begünstigten Adenauers Westkurs. Gleichzeitig begann im Ost-West-Verhältnis die lange Phase des Kalten Krieges, der in den Vereinigten Staaten durch den republikanischen Senator Joseph McCarthy zu Ausschreitungen gegenüber tatsächlichen und vermeintlichen Kommunisten führte.

In der Bundesrepublik wagte kaum ein Politiker, die großen weltpolitischen Fragen anders zu beurteilen als die Amerikaner. Wer es dennoch tat, geriet in den Geruch der Kommunistenfreundlichkeit oder wurde als Schwärmer bezeichnet. Gustav Heinemann nannten seine Gegner bald «Gandhi», was soviel wie «Spinner» heißen sollte. Die «Realisten» der fünfziger Jahre wurden nicht müde, die Wiedervereinigung zu fordern. Aber zuerst müsse es freie Wahlen in ganz Deutschland geben. Heinemann wollte nicht mehr, als dieses «zuerst» streichen, weil es seiner Meinung nach für die andere Seite die Aufforderung zur bedingungslosen Kapitulation war. «Ob wohl jemand versteht, worum es mir damals ging?» fragte er Jahre später sich und seine Frau. Seine eigene Partei, die CDU, verstand ihn nicht, die Sozialdemokratische Partei stimmte ihm aus taktischen Gründen weitgehend zu und die bundesdeutsche Bevölkerung war zu sehr mit sich selbst beschäftigt, als daß sie aufhorchte. Für Gustav Heinemann begann ein langer politischer Winter.

Neuanfang

Nach Essen zurückgekehrt, gab es gleich eine herbe Enttäuschung. Die Rheinstahl AG hatte innerhalb eines Jahres ihre Zusage vergessen, den Bergwerksdirektor wieder in seine alten Funktionen einzusetzen, wenn er der Bundespolitik den Rücken kehre. Ein unerfreuliches Gerangel setzte ein. Die Firmenleitung bot eine Abfindung an, die Heinemann ablehnte. Man einigte sich schließlich auf eine Pension.

In seiner eigenen Partei bekam der zurückgetretene Minister keine Gelegenheit mehr, seinen Standpunkt darzulegen. Die Essener CDU bot Heinemann immerhin ein Mandat für den Stadtrat an, knüpfte allerdings daran die Bedingung, er müsse sich jeder Kritik gegen Adenauer enthalten. Heinemann lehnte Mandat und Maulkorb dankend ab.

Die Frage war nun, wie es beruflich und politisch weitergehen sollte. Die mit der Rheinstahl AG ausgehandelte Pension reichte zwar für den Lebensunterhalt, auch seine Dienstwohnung durfte Heinemann behalten, aber mit 51 Jahren wollte er sich noch nicht mit einem Frührentner-Dasein abfinden. Eines Tages im Oktober 1950 meldete sich in seiner Wohnung Dr. Diether Posser, der heutige nordrhein-westfälische Finanzminister. Posser, ein angehender Assessor, der sechs Jahre Krieg und Kriegsgefangenschaft hinter sich hatte, kannte Gustav Heinemann seit 1936. Damals war er in der Essener Börse von Pfarrer Friedrich Graeber konfirmiert worden. Anschließend hatte ihm der Presbyter Heinemann die Hand geschüttelt und gratuliert. Jetzt erklärte der Besucher kurzerhand, er habe soeben die Begründung für den Rücktritt des Bundesinnenministers gelesen. Alles entspreche genau seiner Meinung. Er halte Heinemanns Politik für richtig und wolle ihm deshalb helfen, wenn er einverstanden sei. Heinemann sah den jungen Mann einen Augenblick an und bot ihm dann sofort Arbeit an: «Ich will mit meiner Frau jetzt in die Schweiz fahren, um uns ein bißchen zu erholen von all den Strapazen. Hier sind die Schlüssel des Hauses. Sehen Sie mal, was da an Post eingeht, und beantworten Sie das nach Ihrem Gutdünken.»

Posser war überrascht über soviel Vertrauen und machte sich gleich an die Arbeit. Die Beantwortung der Briefe erforderte Tage. Aus allen Teilen der Bundesrepublik kamen Anfragen, was tatsächlich hinter dem Rücktritt stünde. Viele konnten sich nicht vorstellen, daß jemand aus Gewissensgründen ein so hohes Amt aufgab. Daneben lagen Einladungen zu zahlreichen Veranstaltungen, die Heinemann für ein halbes Jahr beschäftigt hätten, hätte er sie alle wahrgenommen.

Aus Possers spontanem Hilfsangebot entwickelte sich bald ein festes Arbeits- und Freundschaftsverhältnis. In einem längeren Gespräch beschrieb er, wieviel ihm Heinemann bedeutete: «Ich habe ihn geliebt wie einen Vater. Wirklich, ich wüßte nicht, daß ich einen anderen Menschen – also männlichen Menschen – so geliebt hätte wie ihn.»

Im Frühjahr 1951 eröffnete Heinemann mit seinem Sozius Posser in Essen eine Anwaltspraxis. Sie war allerdings mehr ein Büro, in dem die Anwaltstätigkeit zunächst klein geschrieben wurde. Diether Posser sagt über die Anfangszeit: «Das erste war, daß ein Mann zu uns kam, der hatte seinen Titel als Beamter verloren. Und nun wollte er ein Gutachten darüber haben, ob er einen Anspruch besitze, seinen früheren Titel weiterzuführen. Ein anderes Verfahren aus der Frühzeit, an das ich mich erinnere, war ein Prozeß darüber, ob eine Erfindung gegen Bettnässen patentiert werden konnte. Da habe ich ein Gutachten gemacht. Ich kann aber nicht mehr sagen, ob die Erfindung als Patent eingetragen wurde.»

Für eine Wiedervereinigung in Frieden und Freiheit

In der Anwaltskanzlei spielte zunächst die Politik eine sehr viel größere Rolle als Gerichtsverfahren. Gustav Heinemann war in den folgenden Monaten und Jahren öfter unterwegs als am Schreibtisch beziehungsweise im Gerichtssaal. Die Fülle der Einladungen riß nicht ab, und er nahm so viele wie möglich wahr, um Adenauers Aufrüstungspläne zu bekämpfen. Fast mit dem Mut der Verzweiflung stemmte er sich gegen eine Entwicklung, die jeglichen Spielraum zur Lösung der deutschen Frage zunichte machen würde.
Zusammen mit der damaligen Zentrums-Vorsitzenden Helene Wessel und anderen Gesinnungsfreunden rief er am 21. November 1951 die *‹Notgemeinschaft für den Frieden Europas›* ins Leben, eine überparteiliche Bewegung, deren einziges Ziel es war, bei der «Wiedervereinigung Deutschlands zu einem einheitlichen Staatswesen der Freiheit und der Menschenrechte» mitzuwirken. Diese Formeln von der Wiedervereinigung in Frieden und Freiheit, später so häufig benutzt, hatten damals einen ganz handfesten Sinn, weil sie sich gegen jene Verfechter einer «Politik der Stärke» richteten, die glaubten, die Sowjetunion durch Androhung militärischer Macht auf die Vorkriegsgrenzen zurückdrängen zu können.
Die Notgemeinschaft, die heute noch im Vereinsregister eingetragen ist, konnte aus allen Parteien Anhänger gewinnen. Sie wurde eine, wenn auch bescheidene außerparlamentarische Bewegung, der selbst Abgeordnete aus den Reihen von CDU, SPD und FDP angehörten. Sie vermochte die Regierungspolitik nicht zu stoppen, aber ihre Aktivitäten waren dennoch keinesfalls sinnlos. Diether

Koch, der über *‹Heinemann und die Deutschlandfrage›* ein 500 Seiten umfassendes Buch geschrieben hat, bemerkt dazu: «Die Notgemeinschaft trug dazu bei, daß die politischen Hauptkräfte in der Bundesrepublik in entscheidenden Fragen Farbe bekannten; und sie verhalf vielen einzelnen Menschen in einer Zeit freiwilliger Uniformität des Denkens zur Klärung ihres politischen Horizonts, bewahrte sie vor Resignation und ermutigte sie zu weiterer politischer Betätigung.»

Gesamtdeutsche Volkspartei

Mehr als ein Jahr lang reisten Gustav Heinemann, Helene Wessel und die anderen Aktiven der Notgemeinschaft kreuz und quer durch die Bundesrepublik, von Versammlung zu Versammlung. Die politische Entwicklung gab ihnen Auftrieb. Die Sowjetunion machte nämlich in ihrer berühmt gewordenen Note vom 10. März 1952 der Bundesregierung ein überraschendes Angebot. Sie kündigte die Wiedervereinigung Deutschlands, die Abhaltung freier Wahlen sowie einen Friedensvertrag unter der Bedingung an, daß das künftige Deutschland neutral bleibe und keine Bündnisverpflichtungen eingehe. Statt zu prüfen, ob es sich um ein ernsthaftes Angebot Moskaus oder um ein Störmanöver handelte mit dem Ziel, die deutsche Beteiligung an der geplanten Europäischen Verteidigungsgemeinschaft (EVG) zu verhindern, ließ Bundeskanzler Adenauer die Note unbeantwortet. Der EVG-Vertrag war zu diesem Zeitpunkt unterschriftsreif und wurde am 27. Mai 1952 von den Ländern Bundesrepublik Deutschland, Frankreich, Italien und den Benelux-Staaten Belgien, Niederlande und Luxemburg unterzeichnet. Die Ratifizierung des Abkommens, die Verabschiedung in den einzelnen Länder-Parlamenten, dauerte allerdings Jahre, bis sie schließlich am Widerstand der französischen Nationalversammlung am 30. August 1954 sogar ganz scheiterte. Dem auf Westkurs eingestellten deutschen Bundeskanzler bot sich die 1949 geschaffene Nordatlantische Verteidigungsgemeinschaft

(NATO) als Ausweg an.

Bei ihren Vorträgen und Diskussionen kamen Gustav Heinemann und Helene Wessel mehr und mehr zu der Überzeugung, daß eine Parteigründung die einzig sinnvolle und konsequente Fortsetzung ihrer Arbeit war. Am 29. Oktober 1952 diktierte Heinemann einen Brief an die CDU-Geschäftsstelle in Essen, in dem er seinen Austritt aus der Partei erklärte. Nach wochenlangen Vorbereitungen, die vor allem sein Freund und enger Mitstreiter, der Wuppertaler Fabrikant und spätere SPD-Bundestagsabgeordnete Adolf Scheu geleistet hat, wurde am 29. und 30. November 1952 in Frankfurt die Gesamtdeutsche Volkspartei (GVP) aus der Taufe gehoben. Obwohl Heinemann die beherrschende Figur war, lehnte er es zunächst ab, den GVP-Vorsitz zu übernehmen. An die Spitze wurde deshalb ein vierköpfiges Präsidium gewählt, dem außer ihm noch Helene Wessel, Adolf Scheu und Robert Scholl, der ehemalige Oberbürgermeister von Ulm und Vater der 1943 hingerichteten Geschwister Scholl, angehörten.

Die Anhänger der neuen Partei setzten sich hauptsächlich aus mittelständischen Berufen zusammen, Kaufleute, Beamte und Angestellte. Die politische Zielsetzung der GVP unterschied sich nicht wesentlich von der der ‹*Notgemeinschaft*›: Wiedervereinigung auf friedlichem Wege und abseits der Machtblöcke. Die gesellschaftspolitischen Vorstellungen blieben vage. In den Erklärungen und Beschlüssen der GVP war von «Partnerschaft zwischen Kapital und Arbeit» und von einer «Mittelstellung zwischen Kapitalismus und Sozialismus» die Rede. Organ der Partei waren zunächst die ‹*GVP-Nachrichten*›, die dann durch eine Wochenzeitung, die ‹*Gesamtdeutsche Rundschau*›, abgelöst wurden.

Die praktische Parteiarbeit stieß immer wieder an finanzielle Grenzen, die durch Spenden kaum zu überwinden waren. Angesichts der im Herbst 1953 anstehenden Bundestagswahl mußte sich die GVP um Wahlbündnisse mit anderen Gruppen bemühen, um nicht beim ersten Anlauf gleich an der Fünf-Prozent-Grenze zu scheitern, die Vorbedingung für den Einzug ins Parlament war. Dabei kamen Absprachen auch mit solchen Gruppierungen zustande, etwa mit dem Bund der Deutschen des ehemaligen Reichskanzlers Joseph Wirth, die direkte Verbindungen zur Regierung in Ostberlin unterhielten und daraus auch kein Geheimnis machten. Die Gegner der GVP bekamen reichlich Stoff für antikommunistische Propaganda geliefert. Bezeichnend war ein Vorfall beim Karnevalsumzug im Februar 1952. Einer der Wagen zeigte Stalin als trojanisches Pferd, aus dem Helene Wessel, Martin Niemöller und Gustav Heinemann herausblickten. Mit Einstweiligen Anordnungen und Verleumdungsprozessen suchte sich die neue Partei gegen die wachsende Diffamierung zu wehren. Dies kostete Zeit und Geld.

Der feindlichen Stimmung in der Öffentlichkeit sowie den finanziellen und anderen Schwierigkeiten suchten die GVP-Mitglieder mit noch größeren Anstrengungen und noch mehr Idealismus beizukommen. Alle arbeiteten unentgeltlich. Einer der Eifrigsten war Erhard Eppler, der spätere Bundesminister für wirtschaftliche Zusammenarbeit, der im Sommer 1953 wegen Übermüdung kurz vor Karlsruhe auf dem Motorrad einschlief und in einem Unfall-Krankenhaus erst wieder zur Besinnung kam. Gustav Heinemann, inzwischen GVP-Vorsitzender, wünschte ihm schriftlich gute Besserung. «Lassen Sie sich durch nichts bewegen oder aufregen. Gottes Weltregiment bleibt, auch wenn Mitspieler ausscheren.»

Der organisatorische Teil der Parteiarbeit wurde hauptsächlich über Heinemanns Essener Anwaltspraxis abgewickelt, die einzelnen Helfern, wie dem späteren Geschichtsprofessor Imanuel Geiss, gelegentlich auch als Unterkunft diente. Trotz aller Begeisterung blieben Rückschläge und Enttäuschungen nicht aus. Am meisten dürfte Gustav Heinemann bedrückt haben, daß er seinen Freund Helmut Gollwitzer nicht für eine Mitarbeit in der GVP gewinnen konnte. In einem langen Brief legte Gollwitzer die Gründe dafür dar. In seinem Alter müsse er sich zwischen theologischem und politischem Dienst entscheiden, schrieb er. Sein eigentlicher Einwand war politischer Natur. «Ein Zusammengehen mit Gruppen, die von Stalinisten durchsetzt sind und sich ihnen gegenüber nicht so klar abgrenzen, wie es die ‹Notgemeinschaft› getan hat,

Gustav Heinemann auf einer Versammlung der Gesamtdeutschen Volkspartei, der u. a. auch die heutigen SPD-Politiker Eppler und Rau angehörten.

kommt für mich so wenig in Frage, wie mit einer Gruppe, die den Neofaschisten gegenüber nicht astrein ist.»
Heinemanns Bitte, Gollwitzer solle im Wahlkreis 69 Bonn gegen Adenauer kandidieren, blieb also unerfüllt. Nur ein einziges Mal ergriff der Theologieprofessor auf einer GVP-Veranstaltung das Wort, allerdings nicht für die Partei, sondern für seinen Freund Heinemann, und zwar am Tag vor der Bundestagswahl am 6. September 1953 in Siegen. Seine Zurückhaltung sollte ihm recht geben. Gerade 1,2 Prozent der Stimmen – das waren genau 318323 Wähler – erhielt die Gesamtdeutsche Volkspartei, eine Niederlage, die das Ende der GVP besiegelte.

«Es nahm niemand mehr ein Stück Brot von ihm»

Die Arbeit von Monaten war mit einem Schlag zerstört. Gustav Heinemann, vor wenigen Jahren noch Bundesminister und angesehener Direktor eines großen Industrieunternehmens, stand vor dem Nichts: ein Anwalt mit einer kleinen Praxis, in der mehr Partei-Papiere als Prozeßakten lagen, ein GVP-Politiker, umgeben von einem Rest von Idealisten. Mit als «Spinner und Outsider verschrieenen Leuten» – um die Worte Gollwitzers zu benutzen – hatte er versucht, dem Rad der Nachkriegsgeschichte eine andere Drehung zu geben.

Nach der Niederlage wollte kaum noch jemand mit ihm etwas zu tun haben, weder in Essen noch anderswo. Gollwitzer: «Es nahm niemand mehr ein Stück Brot von ihm.» In einem Brief vom 18. Mai 1954 an den Freund schildert Heinemann, daß Einladungen seitens der Kirche ausblieben und ehemalige Mitstreiter aus der CDU ihn öffentlich der Brunnenvergiftung beschuldigten. «Lieber Helmut, hier ist es mir zum ersten Mal ekelhaft geworden, ekelhaft um deswillen, weil dieses Erlebnis tief in den Kreis derer hineingreift, die die Bruderschaft in Christo proklamieren und Kirchentag machen. Das stecke ich nicht so in die Tasche wie das Benehmen von Bergbau, Stadtverwaltung und Christlichen Demokraten.» Der Brief enthält auch ein Zitat, das ihn besonders getroffen hatte. In seiner Heimatstadt Essen hatte Adenauer erklärt: «Wenn ich von Dr. Heinemann als Ihrem Mitbürger spreche, hoffe ich, Ihnen nicht zu nahe zu treten.»

Wie wurde Heinemann mit solchen Angriffen fertig? Seine «rein sachliche» Einstellung zur Politik – bei aller Leidenschaft in der unmittelbaren Auseinandersetzung – bewahrte ihn vor Selbstmitleid, und sein Christentum hinderte ihn daran, mit gleicher Münze heimzuzahlen. Seine Fähigkeit, einzustecken und hinzunehmen, beeindruckte seine Freunde immer wieder, auch Helmut Gollwitzer: «Pharisäismus, Selbstgerechtigkeit, Aburteilen über andere, Unversöhnlichkeit, Nachtragen – all diese Dinge haben ihm so gefehlt, daß wir ihn deswegen immer wieder bewundert haben. Daß ein Mann, der gleichzeitig unnachgiebig ist, in Entscheidungen seinen Weg geht, so entgegenkommend, so versöhnlich gegenüber Leuten sein kann, die ihm das Schlimmste angetan haben, die ihn diffamiert haben, die ihm Fußtritte versetzt haben, das war erstaunlich. Er konnte sich dann wieder mit denen an einen Tisch setzen und hatte das dann alles vergessen.»

Die Krise im Herbst des Jahres 1953 führte noch nicht zur politischen Neuorientierung Heinemanns. Die «APO-Jahre» des Anwalts dauerten noch an. Was die Kirche anging, so mußte Gustav Heinemann in den fünfziger Jahren noch eine zweite bittere Enttäuschung einstecken. Im Frühjahr 1955 lief seine Amtsperiode als Präses der Synode der Evangelischen Kirche in Deutschland aus. Seine innerkirchlichen Gegner – ihre Zahl hatte stetig zugenommen – warteten nur auf die Gelegenheit, ihn, den gescheiterten Ostpolitiker, aus allen kirchlichen Ämtern zu jagen. Heinemanns jüngstes Verhalten erschien ihnen dabei als äußerst hilfreich. Im Herbst des Jahres 1954 hatte der GVP-Politiker zusammen mit anderen Persönlichkeiten – darunter der SPD-Vorsitzende Erich Ollenhauer, der Theologe Helmut Gollwitzer und der Soziologe Alfred Weber – das *‹Deutsche Manifest›* unterzeichnet, eine Entschließung, in der Bundestag und Bundesregierung ein letztes Mal vor der Verabschiedung der *‹Pariser Verträge›* über die Beendigung des Besatzungsregimes in den drei Westzonen aufgefordert wurden, einer Vier-Mächte-Vereinbarung zur Wiedervereinigung den Vorrang vor der Einbeziehung der Bundesrepublik in das westliche Bündnis-System zu geben. In einer vielbeachteten Rede am 29. Januar 1955 in der Frankfurter Paulskirche, in der das Manifest verabschiedet wurde, formulierte Heinemann vor über tausend Menschen einige Sätze, die seinen Glaubensbrüdern, aber nicht nur ihnen, sauer aufstoßen mußten: «Sieht man wirklich nicht, daß die dominierende Weltanschauung unter uns nur aus drei Sätzen besteht: ‹Viel verdienen – Soldaten, die das verteidigen – und Kirchen, die beides segnen›?»

Kürzer und treffender konnte niemand die sich unter Adenauer verfestigende Nachkriegsideologie ausdrücken. Einige Gegner des aufsässigen Gustav Heinemann suchten schon im Vorfeld der EKD-Synode eine Entscheidung gegen ihn. So stand im ‹*Sonntagsblatt*›, der vom Landesbischof in Hannover, Hanns Lilje, herausgegebenen Kirchenzeitung, zu lesen: «Es wäre nicht nur ein Versäumnis, sondern Schuld, wenn die Synode dieses Gesamtdeutschland dienende Amt dadurch vakant ließe, daß sie es mit einem Parteipolitiker besetzte.» Andere dachten zuvor über die Amtsführung des Präses Heinemann ganz anders. Der Theologe Helmut Thielicke bescheinigte ihm 1953 in seiner Schrift ‹*Die evangelische Kirche und die Politik*›, er führe sein Amt so, «daß der Gedanke an eine geistliche Verketzerung politischer Gegner offenbar nicht einmal als Verdachtsmoment auftaucht».

Im März 1955 wählte die nach Espelkamp einberufene Synode der EKD Gustav Heinemann als Präses ab, ein Amt, das er seit 1949 ausgeübt hatte. Von jetzt an gehörte er nur noch dem Rat der Evangelischen Kirche an. Unzureichende Amtsführung kann nicht der Grund gewesen sein, der die Synodalen mehrheitlich zur Abwahl veranlaßte, eher schon das von Unduldsamkeit und Intoleranz geprägte Klima. Die EKD wollte einen Repräsentanten an der Spitze haben, keinen Außenseiter. Gustav Heinemann hatte sich an den Rand der Gesellschaft begeben, um seine politischen Ziele durchzusetzen.

Das enge Verhältnis zu Freunden, die Familie und die eigene Sicherheit über den einzuschlagenden Weg – dies zusammen bildete das Fundament, auf dem Heinemann Krisen überstand, als gingen sie ihn überhaupt nichts an, auch Krisen und Enttäuschungen persönlicher Art. So eröffnete ihm im Jahre 1953 seine älteste Tochter Uta, sie sei entschlossen, zum katholischen Glauben überzutreten. Eine solche Mitteilung mußte ihn ebenso treffen wie eine politische Niederlage. Einen Augenblick kämpfte er, erinnert sich die Tochter, mit den Tränen, dann wandte er sich schweigend ab. Bei der Hochzeit Uta Heinemanns mit dem katholischen Religionslehrer Edmund Ranke soll dann sogar das Wort vom «zerschnittenen Handtuch» gefallen sein. Erst Jahre später war ein Gespräch über dieses Thema möglich, und erst dann konnte Uta Ranke-Heinemann ihrem Vater klarmachen, daß ihr Schritt etwas mit ihrer häuslichen Erziehung zu tun hatte. Der zu den Reformierten und Calvinisten neigende Protestant Heinemann hatte für Katholiken nie viel übrig und sprach deshalb auch nicht besonders gut von ihnen und ihrem römischen Oberhaupt, dem Papst. Derselbe Gustav Heinemann kämpfte zeit seines Lebens für Toleranz und für einen besonderen Schutz der Minderheiten in der Gesellschaft. Uta Ranke-Heinemann ist sicher, daß ihr Vater in ihr die Neugierde für den Katholizismus verstärkt und damit indirekt und ungewollt an ihrem Glaubenswechsel mitgewirkt hat.

Anwalt von Minderheiten

Die Niederlagen und Rückschläge in der ersten Hälfte der fünfziger Jahre hatten eine praktische Konsequenz. Diether Posser kümmerte sich weniger um die GVP und mehr um die Anwaltspraxis, damit wenigstens etwas Geld hereinkam. Zunächst wurden jene Verfahren abgewickelt, die sich aus der Verleumdungskampagne gegen die GVP ergaben. Schon daraus leitete sich eine Spezialisierung auf politische Prozesse ab, die in den Jahren des Kalten Krieges an der Tagesordnung waren. Zum Beispiel stand schon die Lektüre des *‹Neuen Deutschland›*, des Organs der Sozialistischen Einheitspartei Deutschlands (SED), und anderer DDR-Zeitungen unter Strafe. Jeder, der in die Deutsche Demokratische Republik reiste und sich dabei nicht auf private Kontakte beschränkte, machte sich verdächtig. Seit dem KPD-Verbot vom 17. August 1956 mußten sich Mitglieder dieser Partei sogar strafrechtlich dafür verantworten, daß sie in Länder-Parlamente und Bundestage gewählt worden waren. Diether Posser: «Heinz Renner, Essens Oberbürgermeister nach dem Krieg und KPD-Mitglied, ist gestorben mit einer Anklageschrift des Generalbundesanwalts in der Hand, in der ihm eben dieser Vorwurf gemacht wurde.»
Als ein Heidelberger Anwalt wegen früherer KPD-Tätigkeit vor Gericht gestellt werden sollte, legte er mit Hilfe seines Anwalts

Heinemann Beschwerde beim Bundesverfassungsgericht ein. Das Verfahren dauerte seine Zeit. Am 21. März 1961 wurde die entsprechende Strafvorschrift endlich für verfassungswidrig erklärt, ein bis dahin einmaliger Vorgang und ein Erfolg für das Anwaltsbüro Heinemann/Posser. «Wir waren damals nie pro KPD, sondern immer pro Rechtsstaat», versichert Posser, der sich über Politiker erzürnen kann, die in den siebziger Jahren nicht müde wurden, die Freizügigkeit von Ideen, Menschen und Meinungen zu fordern, und die damals in den fünfziger Jahren nichts anderes getan hätten, «als in gröbster Weise gegen diese Prinzipien zu verstoßen».

Das Essener Anwaltsbüro galt offiziellen Stellen in der DDR als vertrauenswürdig, so daß es bei komplizierten Rechtsfällen oft eingeschaltet wurde. Diesen Kontakt nutzten Heinemann und Posser, um Hunderte von Menschen aus den Zuchthäusern in dem anderen Teil Deutschlands zu holen, darunter den aus Westberlin in die DDR verschleppten Redakteur der Industriegewerkschaft Metall, Heinz Brandt. Selbst um politisch Verfolgte aus Marokko und Algerien bemühten sich die beiden Rechtsanwälte. Einer der Führer der FLN, der algerischen Befreiungsbewegung, hat sich später persönlich in Essen für die Unterstützung bedankt, nachdem die Organisation die Unabhängigkeit von den Franzosen erkämpft hatte.

Die Mandanten waren durchweg keine besonders gutsituierten Leute. Im Büro Heinemanns hing ein Schild mit der Aufforderung: «Fasse Dich kurz!» Eine von Heinemanns wenigen Untugenden war seine Ungeduld, die ihn manchmal aus nichtigem Anlaß aufbrausen ließ. Posser mißfiel dieser Appell an den Besucher, weil es vielen Menschen schwerfalle, innerhalb weniger Minuten ihr Problem auf den Tisch zu legen. Beide einigten sich auf ein anderes Schild für das Vorzimmer: «Guter Rat ist teuer» stand darauf zu lesen. Oft wurde der gute Rat auch unentgeltlich gegeben, zum Beispiel an Kriegsdienstverweigerer, von denen viele nach der Einführung der allgemeinen Wehrpflicht am 21. Juli 1956 in die Anwaltspraxis kamen.

Diether Posser hat in jenen Jahren als Anwalt von Gustav Heinemann gelernt. Vor allem beeindruckte ihn die Art, wie sein älterer Kollege seine Plädoyers vortrug. «Er mied überflüssige Wörter. Nie hatte er sich alles aufgeschrieben. Er las auch nicht bei großen Plädoyers vom Manuskript ab, sondern hatte nur Stichwörter. Anhand der Notizen redete er dann frei, hatte das Gericht immer im Blick und konnte davon ausgehen, daß er auf besondere Aufmerksamkeit stieß, weil das, was er zu sagen hatte, sorgfältig durchdacht war und er die anderen sozusagen mit auf die logische Reise nehmen konnte.»

«Übernehme Verteidigung»

In vielen politischen Prozessen überließ Heinemann seinem Sozius die Verteidigung, weil er selber weiterhin viel unterwegs war. Aber manchmal fühlte er sich persönlich gefordert. So erreichte ihn 1957 während eines Aufenthaltes in der Schweiz die Nachricht, daß sein alter Freund aus den Marburger Studienzeiten, Viktor Agartz, wegen staatsgefährdender Agententätigkeit angeklagt sei. Heinemann telegrafierte nach Essen zurück: «Übernehme Verteidigung.»

Viktor Agartz gehörte nach dem Krieg zu denen, die – ähnlich wie Politiker des linken CDU-Flügels – einen sozialistischen Weg befürworteten. Die Briten beriefen den hochangesehenen Wirtschaftstheoretiker in wichtige Ämter. Agartz sollte sogar Oberbürgermeister von Köln werden, was er ablehnte, weil er seine wissenschaftliche Laufbahn fortsetzen wollte und im Mai 1949 die Leitung des Wirtschaftswissenschaftlichen Institutes des Deutschen Gewerkschaftsbundes übernehmen konnte.

Der gegen ihn geäußerte Vorwurf der Agententätigkeit bezog sich darauf, daß er wie andere Gewerkschafter auch Kontakte zum Freien Deutschen Gewerkschaftsbund (FDGB) der DDR unterhielt und von diesem Geld für ein Pauschalabonnement der von ihm herausgegebenen ‹*Wirtschaftskorrespondenz*› entgegengenommen hatte. Die westdeutschen Ermittlungsbehörden hielten Agartz für so gefährlich, daß sie ihn am 27. Mai 1957 in Haft nehmen ließen. Erst durch eine von Diether Posser bei einer Bank beschaffte Kaution kam er wieder auf freien Fuß.

Im Herbst des Jahres 1957 saß der Bundesgerichtshof in Karlsruhe drei Wochen lang über Agartz zu Gericht. Posser und Heinemann hatten sich sorgfältig auf das Verfahren vorbereitet. In der Schlußphase übernahm Posser die Behandlung der rechtlichen Seite des Falles, Gustav Heinemann den politischen Teil. Sein Plädoyer vom 11. Dezember 1957 war ein Meisterwerk anwaltlicher Kunst. Stück für Stück zerpflückte er den politischen Hintergrund und machte damit klar, daß mit diesem Prozeß ein unerbittlicher Kritiker der Nachkriegsentwicklung zum Schweigen gebracht werden sollte. Wenn der Inhalt der von Agartz herausgegebenen ‹*Wirtschaftskorrespondenz*› strafbar sei, so argumentierte Heinemann, dann müßten sämtliche Kongreßbeschlüsse des DGB, eine Fülle von Erklärungen der SPD und vieles mehr ebenfalls strafbar sein. Er erinnerte die Richter daran, «daß die CDU nach 1945 mit der Parole vom religiösen Sozialismus zu Felde zog. Das alles sage ich, weil Dr. Agartz sich hier als Christ bekannte, und ich will hier lediglich unterstreichen, daß dieses sein Bekenntnis keinen Widerspruch zu dem von ihm vertretenen Sozialismus bedeutet.»

Der Schlußappell hatte fast beschwörenden Charakter. «Ich warne davor», sagte Heinemann an die Richter gewandt, «Menschen aus dem Rennen zu werfen, die eine Mangelware sind in bezug auf das, was sie in unserer Gemeinschaft leisten können, wenn man sie richtig einsetzt. Dieses alles kann ich in bezug auf die Person von Dr. Agartz sagen, der – was auch immer man an ihm kritisieren mag – keinesfalls käuflich ist. Und dies Kapital soll verwirtschaftet werden? Nein! Freispruch!»

Der Sozial- und Radikaldemokrat

Als Gustav Heinemann im Dezember 1957 vor dem Bundesgerichtshof in Karlsruhe den Freispruch für Viktor Agartz erkämpfte, war er bereits Bundestagsabgeordneter der Sozialdemokratischen Partei. Der Weg, der ihn, den ehemaligen Bergwerksdirektor, in die Partei der Arbeiter und kleinen Leute führte, konnte nicht geradlinig verlaufen, wenngleich er von einem bestimmten Zeitpunkt an vorgezeichnet zu sein schien. So bestanden zum Beispiel in der für Heinemann wichtigen Frage der Deutschland-Politik kaum Meinungsunterschiede zwischen der GVP und der SPD, und öfter bekam die Gesamtdeutsche Volkspartei demonstrativen Beifall von sozialdemokratischer Seite. Nach der katastrophalen Niederlage der GVP bei der Bundestagswahl 1953 aber mußte sich Heinemann fragen, wo und wie er künftig seine Deutschland-politischen Vorstellungen noch verwirklichen konnte. Alle Antworten und Überlegungen führten in eine bestimmte Richtung, zur Sozialdemokratischen Partei.

In der *‹Stimme der Gemeinde›*, einem Blatt der Bekennenden Kirche, veröffentlichte Heinemann im Frühjahr 1954 einen Aufsatz unter der Überschrift *‹Der Weg der SPD›*. Der Autor formulierte darin Fragen, die auch führende Sozialdemokraten brennend interessierten, zum Beispiel, woher die SPD ihre Wählermehrheiten nehmen solle, ob sie nicht eine Neuorientierung vornehmen müsse, «um in alle die Bevölkerungsschichten vorzustoßen, die nach ihrer allgemeinen Interessenlage für eine Volkspartei in Betracht kämen? . . . Dies vorausgesetzt, wird die SPD endgültig ihren Frieden mit der westlichen Wirtschaftsordnung – wie immer man sie bezeichnen mag – machen müssen, so wie sie seit 1918 ihren Frieden mit westlicher Staatsordnung gemacht hat.»

Heinemann schickte den Artikel an Fritz Erler, den SPD-Fraktionsvorsitzenden im Bundestag. Erler war überrascht und antwortete am 26. Februar 1954 mit einem Kompliment: «Es ist wirklich selten, daß ein außerhalb unserer Reihen stehender Mann mit soviel Sachkunde, Duldsamkeit, ja fast Freundschaft an die Probleme unserer Partei herangeht.» Dann fuhr er mit der naheliegenden Frage fort: «Warum hilft ein solcher Mann nicht von innen her dabei, die Partei auf jenen Weg zu bringen, den er ihr offensichtlich um des deutschen Volkes willen wünscht? . . . Ich weiß, daß ich nicht befugt bin, Ihnen einen Werbebrief für die SPD zu schreiben. Sie sind der Vorsitzende einer anderen politischen Partei. Aber nach der Lektüre ihres Artikels drang sich mir die Schlußfolgerung auf, warum sie abseits stehen!»

Der SPD-Fraktionschef sorgte dafür, daß der Aufsatz in der September-Ausgabe der sozialdemokratischen Zeitschrift ‹*Die neue Gesellschaft*› nachgedruckt wurde. Heinemann selber zögerte aber noch, auf die von Erler gestellte Frage eine Antwort zu geben, wenngleich auch andere GVP-Anhänger in eine ähnliche Richtung dachten. Erhard Eppler zum Beispiel, der junge Studienrat aus Schwenningen in Baden-Württemberg, hatte bereits unmittelbar nach der Bundestagswahl 1953 Heinemann gegenüber das GVP-Experiment für gescheitert erklärt und den Übertritt zur SPD vorgeschlagen. Nur mit Mühe konnte Heinemann ihn zunächst davon abhalten, bis Eppler dann im Spätsommer 1955 in einem Brief mitteilte, er sehe keinen Sinn mehr in einer Teilnahme der GVP an der im Frühjahr 1956 stattfindenden Landtagswahl in Baden-Württemberg. Der Brief, mit dem Eppler dem von ihm verehrten Heinemann die politische Gefolgschaft aufkündigte, kostete ihn einige Überwindung, wie er in dem Taschenbuch mit dem Titel ‹*Das Schwerste ist die Glaubwürdigkeit*› bekennt. Aber noch mehr nahm ihn die aus dem Schreiben resultierende direkte Auseinandersetzung mit. «. . . es gab dann auch noch ein Gespräch in meiner Schwenninger Wohnung mit Gustav Heinemann, das für beide Seiten sehr quälend war, weil ich meine Entscheidung nicht revidieren konnte und ihm gegenüber genau dasselbe Recht auf eine eigene Entscheidung geltend machen mußte wie er seinerzeit gegenüber Adenauer.»

«Jetzt ist aber Schluß!»

Die Argumente, die Eppler ins Feld führte, mußten auch Heinemann nachdenklich stimmen, denn seit Frühjahr 1955 bestand eine völlig veränderte Situation: Am 5. Mai waren die Pariser Verträge wirksam geworden. Sie sicherten den bis dahin von den USA, Großbritannien und Frankreich verwalteten Besatzungszonen bis auf wenige Ausnahmen die volle staatliche Souveränität und klärten die rechtlichen Voraussetzungen für die Stationierung von Streitkräften der Westmächte auf deutschem Boden. Die Besatzungstruppen bekamen einen neuen Namen: Streitkräfte der Verbündeten. Mit der Mitgliedschaft dieser souveränen Bundesrepublik in der Nordatlantischen Verteidigungsgemeinschaft war die Eingliederung in das westliche System perfekt. Konrad Adenauer hatte – gestützt auf eine Koalition mit der FDP, der Deutschen Partei und der Flüchtlingspartei Gesamtdeutscher Block/Bund der Heimatvertriebenen und Entrechteten (GB/BHE) – alles durchgesetzt, was Gustav Heinemann und die Gesamtdeutsche Volkspartei in ihrem jahrelangen politischen Kampf zu verhindern suchten.

Die Teilung Deutschlands war damit besiegelt. An diesen Tatsachen konnte niemand vorbeigehen. Trotzdem setzte eine mühselige Diskussion um die Zukunft der GVP ein. Im November 1956 wiederholte Professor Gollwitzer in einem Brief an Heinemann seine früheren Bedenken gegen die Partei und plädierte für ein Umschwenken zur SPD. Entschiedener und energischer klang ein Schreiben, das Adolf Scheu am 5. April 1957 an Diether Posser richtete, dessen Inhalt aber besonders auf Heinemann zielte: «Wir sind nun einfach durch die Verhältnisse gezwungen, alles zu tun, um die Auflösung und Überführung in die SPD beim Bundesparteitag zu erzwingen.»

Vielleicht hätte Gustav Heinemann noch länger gezögert und dadurch wertvolle Zeit verloren, wenn sich nicht gleichzeitig im Frühjahr 1957 eine GVP-Delegation mit Erhard Eppler von Baden-Württemberg auf den Weg nach Essen gemacht und katego-

risch verlangt hätte: «Jetzt ist aber Schluß!» Eppler später: «Insofern hat die sehr entschiedene, Gustav Heinemann gegenüber immer von sehr viel Sympathie und Respekt geprägte Haltung dann noch mitgeholfen, die GVP rechtzeitig zu liquidieren.»
Die eigentlichen Verhandlungen mit der SPD-Spitze brachten schon innerhalb weniger Tage eine Einigung. Am 17. Mai 1957, einen Tag vor Beginn des GVP-Bundesparteitages, lag dem Vorstand ein Schreiben des Stellvertretenden SPD-Vorsitzenden Wilhelm Mellies vor, in dem es hieß, die Bemühungen, einigen GVP-Mitgliedern die aktive politische Betätigung im Bundestag zu ermöglichen, hätten zu dem Ergebnis geführt, «daß unser Landesausschuß in Niedersachsen bereit ist, Herrn Dr. Heinemann auf die dritte Stelle der Landesliste zu setzen. Unsere Freunde in Nordrhein-Westfalen haben uns versichert, daß sie Frau Helene Wessel einen sicheren Platz auf der Landesliste einräumen würden». Einzige Bedingung der SPD: Die GVP müsse ihre Auflösung beschließen. Dieser Beschluß wurde am 19. Mai 1957 gefaßt. Am 27. Mai übersandte Erich Ollenhauer, der SPD-Vorsitzende, Gustav Heinemann das Mitgliedsbuch der Sozialdemokratischen Partei. Adolf Scheu, Diether Posser, Johannes Rau, heute Ministerpräsident von Nordrhein-Westfalen, fast alle führenden GVP-Politiker schlossen sich dem Übertritt an.
Mit 57 Jahren hatte Gustav Heinemann also noch einmal die Partei gewechselt. Vielen seiner Landsleute erschien ein solcher Schritt fast so suspekt wie der Übertritt zu einer anderen Konfession. In den Spalten der Tageszeitungen wurden ihm genüßlich Zitate jener Wahlreden vorgehalten, die er in den ersten Nachkriegsjahren als prominenter Christdemokrat gegen die SPD gehalten hatte. Aber es gab auch Aufmunterung und Zuspruch, so von Heinrich Albertz, dem Pfarrer der Bekennenden Kirche und ehemaligen SPD-Flüchtlingsminister in Niedersachsen, der das Neumitglied in einem persönlichem Brief willkommen hieß. Die SPD sei, schrieb Albertz, «wie alles menschliche Werk ein sehr seltsames Gebilde und wird Ihnen gelegentlich recht wunderlich erscheinen». Von Heinemann versprach der Pfarrer sich ausdrücklich eine heilsame

Unruhe für die Partei, woran dieser es in den folgenden Jahren nicht fehlen ließ.

Unmittelbar nach dem Übertritt stürzte sich Gustav Heinemann in den Wahlkampf. Alle Anstrengungen konnten jedoch den bis dahin größten Wahlsieg der CDU bei der Bundestagswahl am 15. September 1957 nicht verhindern. Mit der absoluten Mehrheit der Zweitstimmen bekam Bundeskanzler Adenauer eine breite Bestätigung für seine Politik. In dem «alten Mann aus Rhöndorf» und seinem Wirtschaftsminister Ludwig Erhard sahen die Bundesdeutschen die Garanten ihres wachsenden Wohlstandes, der sich inzwischen wellenartig entwickelte: Nach der Freßwelle – 1950 wurden 50 Prozent des Einkommens für Essen ausgegeben – die Kleiderwelle, die Reisewelle usw. Fragen, wie die Wiedervereinigung zu erreichen sei, wo die alten Nazis geblieben waren, solche Fragen interessierten die Masse der Bevölkerung nicht. Die Älteren schufteten, damit die Kasse stimmte, die Jüngeren flippten aus beim Rock 'n' Roll. In den «Flegeljahren» der zweiten Republik wurde Nachdenken kleingeschrieben.

Für die Sozialdemokratische Partei bedeutete die Niederlage bei der Bundestagswahl einen Schock, der die Überlegungen über Strategie und Kurs der Partei forcierte. Ergebnis dieses Prozesses war das Godesberger Programm von 1959, die Abkehr vom Klassenkampf-Profil und die Hinwendung zur Volkspartei, die ihren Frieden mit der Wirtschaftsordnung und der Kirche macht. Dieses Programm trug die Handschrift auch von Gustav Heinemann, dem zunächst manche Parteifreunde mit einer gewissen Skepsis begegneten. Immerhin kam er nicht von der Basis, hatte sich nicht hochgedient, sondern fing gleich ganz oben an. Auch wenn er schon nach einjähriger Mitgliedschaft zum Vorstand der Partei gehörte, blieb eine gewisse Distanz zwischen den gestandenen Sozialdemokraten etwa vom Schlage Herbert Wehners und den hinzugekommenen GVP-Leuten. Heinemann pflegte zwar das unter Sozialdemokraten übliche «Du», aber zur Anrede «Genosse» konnte er sich nicht durchringen. Das erschien ihm eher ein Zopf aus alten Klassenkampf-Zeiten zu sein, den er sich nicht anbinden mochte.

Abrechnung mit Adenauer

Daß Heinemann für die SPD auf jeden Fall einen Gewinn bedeutete, konnte seit der Bundestagsdebatte am 23. Januar 1958 niemand mehr bestreiten. An diesem Tag erhielt der Bundestagsabgeordnete zum erstenmal die seit langem herbeigewünschte Chance einer direkten Konfrontation und Abrechnung mit Konrad Adenauer. Anlaß der Debatte waren eine Große Anfrage der FDP und ein Antrag der SPD zur geplanten Ausrüstung der Bundeswehr mit Atomwaffen. Seit über einem Jahr war dieses Thema Gegenstand heftiger Kontroversen. Im April 1957 hatten 18 deutsche Atomwissenschaftler – darunter Otto Hahn, Werner Heisenberg und Carl-Friedrich von Weizsäcker – in der *‹Göttinger Erklärung›* vor einer atomaren Bewaffnung eindringlich gewarnt und jede wissenschaftliche Beteiligung von vornherein abgelehnt.

Für die Freien Demokraten hatten sich bereits Thomas Dehler, für die SPD Erich Ollenhauer und für die Regierung der Bundeskanzler geäußert, der wieder einmal auf den «Ernst der Lage» verwiesen hatte, als am Abend des 23. Januar 1958 Heinemann ans Rednerpult ging. Nach einem Abriß über die verpaßten Chancen der Deutschland-Politik der vorangegangenen Jahre wandte sich der Redner direkt an den Kanzler mit der Frage: «Wie sieht denn nun das Ergebnis eben dieser ganzen Politik heute aus? Sie müssen ja selber sagen, daß die DDR stärker im Spiele ist als je zuvor. Wahrscheinlich fühlte die Sowjetunion in all diesen Jahren, daß ihr mehr und mehr an Stärke zuwuchs. Das heißt mit anderen Worten, daß die Politik der eingebildeten Stärke das Spiel der Sowjetunion gespielt hat . . .»

Die Abrechnung mit der «Kanzler-Partei» und mit Adenauer selbst ging noch weiter; sie erreichte ihren Höhepunkt, als Heinemann die Kreuzzugsideologie des Kalten Krieges attackierte und dabei auf eine Publikation des Evangelischen Arbeitskreises der CDU einging, in dem vom «Untier im Osten» und vom «Antichristen» die Rede war, den es aufzuhalten gelte.

Das Protokoll des Bundestages verzeichnet folgenden Redeausschnitt: «Ich bitte Sie herzlich, verehrte Freunde von der CDU und dem evangelischen Teil darin: Sorgen Sie doch dafür, daß solche Klänge endlich verschwinden. Es geht nicht um Christentum gegen Marxismus. (Zurufe von der CDU/CSU: Sondern?) Sondern? Es geht um die Erkenntnis, daß Christus nicht gegen Karl Marx gestorben ist, sondern für uns alle. (Stürmischer Beifall bei der SPD und der FDP. Unruhe in der Mitte.) Meine Damen und Herren! Unsere politische Aufgabe nach dem Krieg war von Anfang an und ist bis zur Stunde eine doppelte, und das heißt mit anderen Worten, um ein wesentliches Stück schwerer, als die CDU sie uns vorstellt. Sie ist eine doppelte, nämlich das harte, das unerschütterliche Nein zum totalitären System zu verbinden mit dem Ja zur Nachbarschaft der totalitär regierten Ostvölker. (Zurufe von der CDU/CSU) Das müssen wir miteinander fertigbringen, dieses Nein und gleichzeitig dieses Ja.» Der Redner forderte den

Kanzler schließlich auf zurückzutreten, weil seine Politik die Spaltung Deutschlands vertiefe.

Eine solche Rede hatte das Parlament lange nicht mehr gehört. Das Echo war außerordentlich. Beifall und Zustimmung blieben nicht auf die Oppositionsparteien im Bundestag beschränkt. Die liberale ‹*Frankfurter Rundschau*›kommentierte : «Die Rede, die der ehemalige Adenauer-Minister und heutige SPD-Abgeordnete Dr. Gustav Heinemann in der Nacht des 23. Januar 1958 im Bundestag gehalten hat, wird für spätere Generationen eine wichtige Quelle zum Verständnis unserer politischen Entwicklung in der Mitte des 20. Jahrhunderts bilden.»

Heinemann bekam in den folgenden Tagen viele Briefe, einen aus Görlitz, der Stadt an der polnischen Grenze, geschrieben von den Pionieren der sechsten Mittelschulklasse, die Ausschnitte der Rede im Rundfunk gehört hatten und dazu schrieben: «Wir freuen uns sehr, daß Sie den Mut hatten, zu den Bürgern in Ost- und Westdeutschland laut und offen über die Lage der Westmächte zu sprechen.» Der Bonner Abgeordnete wurde aufgefordert, «auch weiterhin für den Frieden zu kämpfen, wobei wir und unsere Eltern Sie immer unterstützen werden».

Einem katholischen Studienrat aus Hamburg gefielen die in der Öffentlichkeit bekanntgewordenen positiven Stimmen aus der DDR nicht. In seinem Brief wurde Heinemann wieder einmal in die Nähe des Ostberliner Systems gerückt. Das Antwortschreiben aus Bonn enthält folgende Sätze: «Ich bin niemals das, was diejenigen sind, welche sich auf mich berufen, sondern ich bleibe meiner selbst auch dann sicher und gewiß, wenn man mich auf anderer Seite in Anspruch nimmt. Wie wollen Sie in einem geteilten und in seinen Stücken in entgegengesetzte Machtblöcke eingespannten Vaterland überhaupt Politik machen, *ohne* daß Sie von der einen oder anderen Seite in Anspruch genommen werden. Wenn immer nur das Gegenteil von dem richtig sein soll, was drüben gesagt wird, geben wir die Steuerung der hiesigen Politik auf eine sehr billige Weise nach drüben ab. Entscheidend muß doch bleiben, was sachlich richtig ist.»

Gustav Heinemann rechnete im Bundestag mit der Politik Bundeskanzler Adenauers ab. Das Bild zeigt beide in der Debatte um die atomare Bewaffnung der Bundeswehr Ende März 1958.

Atomwaffen für die Bundeswehr?

Der Januar-Debatte folgte bereits am 25. März 1958 eine auf vier Tage angesetzte große Aussprache über die Außen- und Verteidigungspolitik. An ihrem Ende stand eine mit deutlicher Mehrheit angenommene Entschließung, die mit dem Satz begann: «Solange der Kommunismus seine weltrevolutionären Ziele weiterverfolgt, . . . können Friede und Freiheit nur durch eine gemeinsame Verteidigungsanstrengung der freien Welt gesichert werden.» Angesichts der Aufrüstung des möglichen Gegners müßten die Streitkräfte der Bundesrepublik mit den «modernsten Waffen» so ausgerüstet werden, daß sie den Verpflichtungen im Rahmen der NATO genügten und ihren Beitrag zur Sicherung des Friedens wirksam leisten könnten. Die modernsten Waffen – das waren die Atomwaffen. Mit dieser Entschließung erhielt die Regierung die rechtliche Voraussetzung zur atomaren Aufrüstung der Bundeswehr.
In der vorausgegangenen Debatte, der bis dahin längsten und wohl auch wichtigsten Redeschlacht überhaupt, gab es einige Höhepunkte. Auf seiten der sozialdemokratischen Opposition wurden zwei Abgeordnete besonders gefeiert: Carlo Schmid und Gustav Heinemann. Noch mehr als in seiner Januar-Rede, die noch ganz vom Gewicht der Abrechnung mit Adenauer getragen war, entfaltete Heinemann jetzt seine Debattierkunst, seine Schlagfertigkeit und Standfestigkeit. Zum erstenmal unternahm es ein Oppositionspolitiker, auf breiter Ebene mit der Elle des Christentums die CDU an ihrem Selbstanspruch zu messen. Immer wieder richtete er an sie die Frage, welcher Maßstab es ihr erlaube, den Einsatz von Massenvernichtungsmitteln zu befürworten.
Schließlich setzte sich der SPD-Abgeordnete mit der Kritik auseinander, die eine Stelle seiner Rede vom Januar ausgelöst hatte. Und zwar hatte er die DDR als «Deutsche Demokratische Republik» bezeichnet und damit ein Tabu verletzt. Denen, die mit Hilfe von Gänsefüßchen und «sogenannt» die Anerkennung der DDR verhindern wollten, erklärte Heinemann, innerhalb von Synode und Rat der Evangelischen Kirche in Deutschland sei es offizielle

»Atomrüstung ist ein tödliches Experiment« war das Motto einer SPD-Kundgebung am 19. April 1958 in Frankfurt, bei der Gustav Heinemann sprach.

Sprachregelung, von der «Bundesrepublik Deutschland» und der «Deutschen Demokratischen Republik» zu sprechen. «Da ich in innerdeutschen Angelegenheiten keine Zweisprachigkeit kenne, rede ich auch hier genauso . . .»

Für die CDU/CSU war der Sozialdemokrat Heinemann ein politischer Gegner, den sie ernst nahm, wie Attacken aus dem Regierungslager immer wieder zeigten. Am 23. Januar 1959 setzte sich Heinemann in einem Brief an den CDU-Nachwuchspolitiker und späteren außenpolitischen Sprecher der Partei, Werner Marx, mit dem Vorwurf der Rechthaberei auseinander. Heinemann: «Rechthaberei? Ach, ich muß mit tiefer Unruhe wieder erleben, was meinen Vater und Großvater in der Ära Wilhelm II. und mich selbst gegenüber dem Hitlerspektakel von seinen ersten Anfängen an unruhig gemacht hat. Wir übernehmen uns ein um das andere Mal, und jedesmal werden diejenigen diffamiert, welche nicht erst nach dem Schlamassel, sondern vorher den Mund auftun. – Gebe Gott, daß es gut abläuft!»

Kampf dem Atomtod

Das Thema «Bundeswehr und atomare Rüstung» blieb in den folgenden Jahren hochbrisant, auch für die Sozialdemokratische Partei, die zu keiner einheitlichen Linie finden konnte. Neben kompromißlosen Gegnern gab es auch SPD-Politiker, die sich aus Gründen der Zweckmäßigkeit nicht festlegen wollten. Dazu gehörte Willy Brandt, Berlins Regierender Bürgermeister und ab 1960 Kanzlerkandidat der SPD. Für Gustav Heinemann blieb es beim strikten Nein. Bezeichnend für sein Verhältnis zur Partei ist die offene und faire Art, mit der er seine Position vertrat.

Fast ein Jahr vor der Bundestagswahl 1961 – am 12. Dezember 1960 – versuchte er, in einem längeren Schreiben an den SPD-Vorsitzenden Ollenhauer sicherzustellen, daß die beiden unterschiedlichen Auffassungen zur Atompolitik «nebeneinander in der SPD Raum und Geltung haben». Keine Gruppe dürfe die SPD im ganzen auf ihren Standpunkt festlegen. Zur Bekräftigung fügte er ein Zitat aus einem von ihm veröffentlichten Aufsatz an: «Nicht alles ist zu tun erlaubt, was der Mensch tun kann. Wenn Völkerrecht und sittliches Gebot, wenn Gottes Weltregiment noch etwas gelten soll, so ist mit den Massenvernichtungsmitteln unserer Zeit eine Grenze erreicht, die der Mensch nicht überschreiten darf. Hieran hat sich das politische Handeln auszurichten.»

Ollenhauer bestätigte am 15. Februar 1961 ausdrücklich, daß die dargelegte Haltung in der SPD vertreten werden könne. An genau dieser Klärung war Heinemann gelegen. Gleichzeitig stellte er sicher, daß den politischen Gegnern der SPD nicht unnötige Angriffsflächen verschafft wurden. Auf sein Betreiben hin wurde der Name Heinemann in der Regierungsmannschaft Willy Brandts nicht aufgeführt.

In der Sache blieb der SPD eine Zerreißprobe zwischen Gegnern und möglichen Befürwortern der Atombewaffnung erspart, nicht nur, weil sie bei der Bundestagswahl im September 1961 ein weiteres Mal der CDU unterlag, sondern weil besonders in der Außenpolitik ein neuer Wind aufkam. Der eigentliche Feldherr des Kalten Krieges, der amerikanische Außenminister John Foster Dulles, war im April 1959 als todkranker Mann aus dem Amt geschieden und kurz darauf gestorben. Präsident Dwight D. Eisenhower hatte Dulles in den Jahren zuvor ziemlich frei walten und schalten lassen. Mit Hilfe des Geheimdienstes CIA bestimmte Dulles die Außenpolitik der westlichen Länder weitgehend von Washington aus, achtete peinlichst auf Bündnistreue und inszenierte notfalls blutige Staatsstreiche, um das von ihm befürchtete Vordringen des Kommunismus zu verhindern. Mit John F. Kennedy trat 1960 ein junger dynamischer Präsident an die Spitze der westlichen Führungsmacht, der einen neuen Weg im konfliktreichen Ost-West-Verhältnis suchte: Statt Konfrontation der Versuch zu Kooperation, zur Zusammenarbeit und zum geregelten Nebeneinander. Eine mit Atomwaffen gerüstete deutsche Bundeswehr im Herzen Europas paßte nicht zu einer solchen Entspannungspolitik.

Daß die deutschen Streitkräfte nicht mit den gefürchteten Massen-

vernichtungsmitteln bewaffnet wurden, war also kein Verdienst der SPD, der von ihr zunächst unterstützten ‹*Aktion gegen den Atomtod*› oder gar Gustav Heinemanns, sondern Folge einer veränderten Großwetterlage in der Politik. Diesem Umschwung war letztlich auch der Deutschland-Plan der SPD vom April 1959 zum Opfer gefallen, den Gustav Heinemann mit entworfen hatte, der über Abrüstung, Gesamtdeutsche Konferenz, einen Parlamentarischen Rat und schließlich eine Volksabstimmung die Wiedervereinigung herbeiführen sollte. Mit dem Bau der Berliner Mauer war dieser Teil der Deutschland-Politik praktisch gegenstandslos geworden, eine deutsche Wiedervereinigung auf Jahrzehnte, wenn nicht überhaupt unmöglich geworden. Die Sozialdemokratie und mit ihr Gustav Heinemann stellten sich von nun an auf den Boden der von Adenauer geschaffenen Tatsachen. Heinemann beschränkte sich allerdings darauf, die Fakten zu respektieren und als gegeben hinzunehmen, in der Sache hat er seinem großen Gegenspieler Adenauer später nicht einmal mit einem Halbsatz recht gegeben. Zehn Jahre lang stemmte er sich gegen den Westkurs des Kanzlers, und das Ergebnis dieser Anstrengung am Ende des Jahrzehnts mußte ihn bitter stimmen. Nichts erreichte er von dem, was er für sein «Vaterland», wie er es immer wieder mit Zuneigung bezeichnete, erreichen wollte. Eine Serie verpaßter historischer Chancen – das waren die fünfziger Jahre in der Sicht Gustav Heinemanns. Auf der anderen Seite bekam Adenauer alles, was auf seinem Plan stand: die Eingliederung in das westliche Bündnissystem, den rapiden Aufschwung der Wirtschaft, wachsendes Ansehen in der westlichen Welt.
Heinemann auf der Verlierer-Seite? Er selber hat sich nie als Verlierer gefühlt; vielmehr war er von der Richtigkeit seines Weges so überzeugt, daß er auch später nicht daran zweifelte. Sätze der Rechtfertigung ersparte er jedoch sich und anderen. Anfang der sechziger Jahre war für ihn das Kapitel «Deutschland-Politik» weitgehend erledigt.

«Adenauer stand allein»

Die CDU/CSU war bei der Bundestagswahl im Herbst 1961 zwar stärkste Partei geblieben, aber sie verlor die absolute Mehrheit. Dieser Rückschlag bedeutete eine persönliche Niederlage des Bundeskanzlers. Konrad Adenauer, zum Zeitpunkt der Wahl 85 Jahre alt, hatte erheblich an Ansehen verloren, nicht zuletzt durch sein Verhalten beim Bau der Berliner Mauer am 13. August 1961. Er hielt es nicht einmal für erforderlich, West-Berlin aufzusuchen. Statt dessen wandte er sich in einer Fernsehansprache an die Bevölkerung und bemühte sich abzuwiegeln. Das Vertrauen in die physischen und geistigen Kräfte des alten Mannes schwand zusehends. Wie brüchig die Basis war, auf der Adenauer dann nach der Bundestagswahl mit Hilfe der Freien Demokraten noch einmal eine Regierung gebildet hatte, wie weit der Machtverschleiß und zugleich die Selbstherrlichkeit nach langen Regierungsjahren inzwischen gediehen waren, zeigte sich ein Jahr später, im Herbst 1962. Mit der Veröffentlichung des Nachrichtenmagazins ‹Der Spiegel› in der Ausgabe vom 10. Oktober 1962 begann der größte politische Skandal der Nachkriegszeit. Unter der Überschrift *‹Bedingt abwehrbereit›* berichtete das Blatt über Pläne von Verteidigungsminister Franz Josef Strauß, die Bundeswehr zu vergrößern und mit Mittelstreckenraketen auszurüsten. Strauß sei nach einem Nato-Manöver zu der Ansicht gelangt, die Bundeswehr sei zur Verteidigung zu schwach. *‹Der Spiegel›* bezog sich dabei auf einen Geheim-Report des Verteidigungsministeriums mit dem Titel *‹Fallex 62›*. In einer Blitzaktion ließ die Bundesanwaltschaft in Karlsruhe das *‹Spiegel›*-Büro im Hamburger Pressehaus besetzen, Redakteure verhaften, darunter den Herausgeber Rudolf Augstein, und kistenweise Material beschlagnahmen. Den Autor des Artikels *‹Bedingt abwehrbereit›*, Conrad Ahlers, der in Spanien Urlaub machte, ließ Minister Strauß durch geheime Order an den Militärattaché der deutschen Botschaft in Madrid mit Hilfe der Polizei des spanischen Diktators Franco festnehmen.

Der mit der ganzen Wucht staatlicher Macht ausgeführte Schlag gegen ein Presseorgan erzielte in der Öffentlichkeit genau das Gegenteil der beabsichtigten Wirkung. Abseits aller rechtlichen Überlegungen stand für einen Großteil der Bevölkerung von Anfang an fest, daß es sich um einen Racheakt von Franz Josef Strauß gegen einen verhaßten Gegner handelte. *‹Der Spiegel›* hatte den ehrgeizigen Verteidigungsminister immer wieder angegriffen und mit Skandalen in Verbindung gebracht.

Was den «Sturmangriff» auf das Nachrichtenmagazin angeht, so leugnete Verteidigungsminister Strauß zunächst jede direkte Beteiligung. Vor dem Parlament erklärte er, er habe mit der Sache nichts zu tun. Schon bald stellte sich heraus, daß er die Unwahrheit gesagt hatte, daß zum erstenmal ein Minister vor den Augen der Öffentlichkeit das Parlament belogen hatte. Adenauers Koalitionspartner, die Freien Demokraten, verlangten ultimativ den Rücktritt von Strauß, eine Forderung, der sich der Kanzler nicht mehr widersetzen konnte.

Noch im Plenum des Bundestages hatte Adenauer in bedenklicher Weise das Vorgehen gegen den *‹Spiegel›* zu rechtfertigen versucht. Gerd Bucerius, der Verleger aus Hamburg, der dem Kanzler und dessen Partei ein halbes Jahr zuvor die Gefolgschaft aufgekündigt hatte, bemerkt dazu in seinem Buch *‹Der Adenauer›*: «In der Bundestagsdebatte ließ er sich – der sonst nie erregt war – zu Erklärungen hinreißen, die mir sein schlechtes Gewissen bezeugten: Die Exekution gegen den *‹Spiegel›* sei notwendig gewesen – da sei ‹ein Abgrund von Landesverrat›, so die Feststellung des höchsten Beamten und gelernten Juristen über abwesende, nicht verurteilte Bürger. Adenauer war aus Führungsschwäche zum Mittäter geworden. Deshalb wohl konnte er Strauß nun nicht ganz im Stich lassen.»

Daß der Kanzler nicht selber über die *‹Spiegel›*-Aktion stolperte, war wohl mehr ein Zufall oder vielleicht die Folge einer anhaltenden Verehrung der CDU für diesen großen alten Mann, den sie nicht in Schimpf und Schande davonjagen wollte. Da er selber keine Anstalten machte zu gehen, mußte die CDU dann doch wohl oder übel seinen Abgang erzwingen. Stimmenverluste bei den

Landtagswahlen in West-Berlin, Rheinland-Pfalz und Hessen «brachten den satten CDU-Koloß langsam in Bewegung», wie Bucerius es ausdrückte. In der Sitzung des CDU-Fraktionsvorstandes am 22. April 1963 fiel die Entscheidung: Aufforderung an Adenauer, zum Herbst desselben Jahres seinen Rücktritt zu erklären, gleichzeitig Festlegung auf Ludwig Erhard als Nachfolger.
Der damalige Dissident Bucerius hat den entscheidenden Augenblick festgehalten: «Die Bonner Journalisten wußten, daß diese Sitzung die Entscheidung bringen würde; sie warteten auf die Streitenden vor der Tür des CDU-Fraktionszimmers. Das Fernsehen stand bereit. Man sah auf den Bildschirmen, wie Erhard und Adenauer das Zimmer verließen. Erhard war sofort von den Journalisten umgeben; Adenauer stand allein, zum erstenmal seit fast 18 Jahren, sichtlich entsetzt ob der Leere, in die er gestoßen wurde. Aber was er zu sagen hatte, war von Stund' an keine ‹Nachricht› mehr. Ich teilte seinen Schmerz.»
Adenauers Abtritt von der politischen Bühne verlief von da an planmäßig. Am 15. Oktober 1963 wurde er im Bundestag verabschiedet. Gelassen nahm er die großen Dankesworte entgegen und begab sich dorthin, wo der Platz des Bundestagsabgeordneten Adenauer war. Von da an widmete er sich verstärkt seinen *‹Erinnerungen›*, deren Ausformulierung seine wesentliche Beschäftigung in seinen letzten Lebensjahren wurde. Am 5. Januar 1966, an seinem 90. Geburtstag, gehörte zu den Gratulanten einer, den er überhaupt nicht erwartet hatte: Gustav Heinemann. Als er ihn

Gustav und Hilda Heinemann

und dessen Frau Hilda Heinemann erblickte, löste er sich sofort von seiner Gesprächsrunde, ging auf ihn zu und begrüßte ihn mit ein paar freundlichen Worten. Die beiden Gratulanten hatten auch ein kleines Geschenk mitgebracht, ein von Heinemann zusammengestelltes Taschenbuch mit dem Titel ‹*Verfehlte Deutschland-Politik – Irreführung und Selbsttäuschung*›, eine Abrechnung mit dem «Kanzler der Alliierten», wie Kurt Schumacher Adenauer einmal genannt hatte. Dieser akzeptierte das Präsent mit einem listigen Augenblinzeln. «Kleinkariert ist der Adenauer nicht» – in diesem Urteil waren sich nachher Hilda und Gustav Heinemann einig.

«Bist du bereit?»

Der als «Vater des deutschen Wirtschaftswunders» immer wieder gepriesene Erhard schaffte als «Wahllokomotive» der Union die Hürde der Bundestagswahl 1965 noch ganz leidlich. Das Ergebnis reichte nicht zur absoluten Mehrheit, aber die Liberalen erklärten sich zur Fortsetzung des Regierungsbündnisses bereit. Schwierigkeiten auf Erhards ureigenstem Gebiet, nämlich in der Wirtschaftspolitik, führten schließlich dazu, daß er von einem Teil seines eigenen Anhangs gestürzt wurde. Das zu schnell gewachsene deutsche Wirtschaftswunder erlebte seinen ersten Schüttelfrost mit den Symptomen steigender Arbeitslosenzahlen und zunehmender Inflation. Obwohl die Krise im Vergleich zu dem Abschwung in der zweiten Hälfte der siebziger Jahre ganz harmlos war, packte viele Bundesbürger schon die nackte Existenzangst.
Als Ausweg aus dem Scheitern der Regierung Erhard boten sich zwei Möglichkeiten an: eine kleine Koalition zwischen SPD und FDP, die allerdings nur über eine schmale Basis verfügt hätte, oder eine Große Koalition. Die Sozialdemokraten steuerten die letztere an; sie wollten endlich ihre Regierungsfähigkeit unter Beweis stellen. Am Ende der Verhandlungen zwischen CDU/CSU und SPD stand ein Regierungsgespann unter dem Kanzler Kurt Georg Kie-

singer und dem Vizekanzler und Außenminister Willy Brandt. Daraufhin rief Willy Brandt bei seinem Parteifreund Gustav Heinemann an, um ihn zu fragen: «Auf uns entfällt unter anderem das Justizministerium. Bist du bereit, es zu übernehmen?»

Heinemann war bereit. Am 1. Dezember 1966 ernannte ihn Bundespräsident Heinrich Lübke zum Bundesminister der Justiz. In seinen biographischen Notizen vermerkte Heinemann zu diesem denkwürdigen Vorgang: «Bei diesem Regierungswechsel verließen Prof. Erhard und Seebohm (Verkehrsminister) als letzte der noch aus der Adenauer-Regierung von 1949 verbliebenen Mitglieder die Regierungsbank, und ich, der ich die Adenauer-Regierung als erster verlassen hatte, nahm wieder darauf Platz.»

Gustav Heinemann war der neunte Amtsinhaber auf der Rosenburg, dem damaligen Sitz des Justizministeriums. Deshalb begann er seine erste Pressekonferenz mit dem Satz: «Darf ich mich vorstellen, ich bin Gustav, der neunte.» Zu seinen Mitarbeitern suchte er ein gutes Verhältnis. Am ersten Arbeitstag unternahmen er und sein Staatssekretär Horst Ehmke einen Rundgang durch die Abteilungen des Ministeriums, um alle 460 Beschäftigten, einschließlich der Boten und Hilfskräfte, persönlich zu begrüßen.

Von Anfang an setzte der neue Minister mit einem derartigen Nachdruck Reformen in Gang, daß ihn selbst Parteifreunde gelegentlich ermahnten, das Tempo nicht zu überdrehen. Wahrscheinlich spürte Heinemann, daß die Zeit für wirkliche Veränderungen knapp würde, zumal gegen Ende 1966 bereits ein Viertel der Legislaturperiode verstrichen war. Staatssekretär Ehmke erlebte einen höchst ungeduldigen Rechtsreformer. In einem 1971 erschienenen Bändchen mit dem Titel ‹*Gustav W. Heinemann*› bemerkt er: «Wohl jedem, der mit ihm Gesetzgebungsverfahren besprach, teilte sich diese Eigenschaft mit, die er mit anderen bedeutenden Persönlichkeiten gemeinsam hat. Heinemann hielt nichts davon, Probleme, die entscheidungsreif waren, auf die lange Bank zu schieben. Diese Ungeduld hatte einen einfachen Grund. Heinemann kannte die Versäumnisse der Vergangenheit und das Ausmaß der Aufgaben, die anzupacken er sich vorgenommen hatte.

Als erfahrener Parlamentarier war er sich auch darüber im klaren, unter welchem Zeitdruck er arbeiten mußte.»
Was Ehmke außerdem beeindruckte, war ein ungewöhnlicher Arbeitsstil. Der Minister verließ sich nicht auf den Sachverstand von Juristen, sondern lud zu den jeweils anstehenden Projekten einen möglichst großen Kreis von Experten aus allen möglichen Fachrichtungen. Außerdem forcierte er Überlegungen, im Bereich der Justiz und der Rechtspflege im Interesse des Bürgers die Chancen moderner Technik, etwa der Datenverarbeitung zu nutzen.
Da Reformen nicht gegen den Willen und das Bewußtsein der Bevölkerung durchzusetzen sind, bemühte sich der neue Justizminister um eine intensive Aufklärung. Die Pressestelle des Ministeriums erlebte eine Flut von Interviews, Artikeln, Aufsätzen und Auftritten, in denen Heinemann seine Pläne erläuterte und um Verständnis warb – einmal bei solchen, denen es zu schnell ging, das nächste Mal bei denen, die noch mehr Tempo wollten.

Strafrechtsreformen

Die Hauptaufgabe bestand in der Reform des Strafgesetzbuches, dessen Bestimmungen zu einem großen Teil noch auf das Jahr 1871 zurückgingen. Mit diesem Jahrhundertwerk beschäftigte sich bereits seit Anfang der sechziger Jahre ein Sonderausschuß des Bundestages unter der Leitung des ehemaligen Generalbundesanwalts Max Güde. Dieses Gremium hatte 1962 einen Regierungsentwurf überarbeitet, der zwar in fachlicher Hinsicht bestehen konnte, nach Ansicht von Heinemann jedoch noch zu sehr von den Vorstellungen des Obrigkeitsstaates geprägt war. Immerhin konnte der Sonderausschuß 1967 auf diese Vorarbeiten zurückgreifen, was Heinemann den Einstieg erleichterte. Im engen Einvernehmen mit dem CDU-Abgeordneten Güde ließ er die nach seiner Meinung zu eng gefaßten Passagen ändern und leistete gelegentlich sogar direkte Formulierungshilfe. Ergebnis dieser Arbeit war das 1968 verabschiedete *‹Achte Strafrechtsänderungsgesetz›*, das Güde im Januar 1978, als er längst aus der aktiven Politik ausgeschieden war, in einem Vortrag in Hamburg mit dem Satz bewertete: «Mit jenem Gesetz, das in vertrauensvoller Zusammenarbeit zwischen dem Bundestag und einem gescheiten und loyal zuarbeitenden Justizministerium . . . entstanden ist, ist mit dem längst überfälligen Aufräumen begonnen worden.»

Bei dem großen Aufräumen konnte natürlich nicht das gesamte Strafgesetzbuch mit einem Schlag umgekrempelt werden. Das hätte weiterer Jahre politischer und parlamentarischer Arbeit bedurft. Zunächst wurden nur einzelne Abschnitte verändert, die dem neuen Justizminister als besonders vordringlich erschienen. Gleich zu Beginn seiner Amtszeit hatte dieser sich einen kleinen Zettel gemacht, auf dem alle Gesetze verzeichnet waren, die er in den folgenden zwei Jahren unbedingt durchsetzen wollte. Den Zettel trug er immer in seiner Brieftasche, um Punkt für Punkt abhaken zu können, wenn er wieder ein Stück vorangekommen war. Die meisten Punkte wurden noch während seiner Amtszeit beziehungsweise einige Monate danach abgehakt.

Das politische Strafrecht wurde eingeschränkt. In den Jahren des Kalten Krieges und der allgemeinen Kommunisten-Hysterie war dieser Bereich erheblich ausgeweitet worden. Heinemann, der Verteidiger im Agartz-Prozeß, versprach sich von der Einengung der Bestimmungen eine Stärkung des Staatsschutzes. Erst wenn der Staat unzweifelhaft in Gefahr war, sollten die zu seinem Schutz eingesetzten Organe tätig werden, nicht schon auf bloße Vermutung hin. Zu der Reform gehörte eine Amnestie für solche politischen Straftäter, die aufgrund der aufgehobenen Bestimmungen verurteilt worden waren.

Die Zahl der strafbaren Tatbestände wurde erheblich verringert. Das wirkte sich positiv zum Beispiel auf Verkehrsdelikte aus. Bagatellfälle setzten bis dahin bereits die Justiz-Maschinerie in Gang und schufen ein Heer von Vorbestraften. Solche Bagatellverstöße galten fortan als Ordnungswidrigkeiten, die nur mit Bußgeld geahndet werden.

Die Reform des Strafvollzugs lag Heinemann besonders am Herzen, weil nach seiner Überzeugung die Zustände in vielen Haftanstalten einer menschenwürdigen Unterbringung widersprachen und die Wiedereingliederung des Täters in die Gesellschaft, die «Resozialisierung», erschwerte. Der Justizminister sprach mit Fachleuten, Medizinern, Geistlichen und Strafvollzugsbediensteten und informierte sich über moderne Strafvollzugsmethoden in den Niederlanden und Dänemark, bevor er die Arbeiten für diese Reform dann in Gang setzte. Im Mai 1969 verabschiedete der Bundestag vorab folgende Neuerungen: Die Zuchthausstrafe als besonders schwere Form der Bestrafung wurde abgeschafft und eine einheitliche Strafe eingeführt. Freiheitsstrafen unter sechs Monaten durften nur noch in Ausnahmefällen verhängt werden. Die Strafaussetzung zur Bewährung wurde erweitert. Für Täter mit schweren Persönlichkeitsstörungen sollten sozialtherapeutische Anstalten errichtet werden.

Die Strafvorschriften für Ehebruch, Homosexualität unter Erwachsenen und Sodomie wurden ebenfalls im Mai 1969 abgeschafft.

Für die Aufhebung der Verjährung von Mord und NS-Verbrechen setzte Heinemann sich mit Nachdruck ein. Schon 1967 lag dem Kabinett dazu ein Gesetzentwurf des Justizministeriums vor, obwohl die Verjährungsfrist für NS-Morde erst Ende 1969 ablief. In einem am 2. September veröffentlichten Interview des ‹*Spiegel*› begründete Heinemann sein Eintreten gegen die Verjährung: «Aber wir Älteren sind doch jetzt noch einmal gefragt, ob wir das Ausmaß der in nationalsozialistischer Zeit von deutschen Menschen mit staatlichen Gewaltmitteln geplanten, befohlenen und unbeschreiblich grausam ausgeführten Massenverbrechen endlich zur Kenntnis nehmen und uns dieser Vergangenheit stellen wollen, statt die Erinnerung daran zu verdrängen und jede Mitverantwortung dafür zu leugnen. Begangenes Unrecht kommt dadurch nicht zur Ruhe. Man kann es nicht totschweigen.»

Bei vielen seiner Reformvorhaben mußte sich der Justizminister gegen Mißverständnisse und Verdächtigungen zur Wehr setzen. Nach zwei Jahrzehnten des Wiederaufbaus und der Absicherung

des materiellen Wohlstandes war zwar die Einsicht gewachsen, daß in vielen Bereichen Veränderungen längst überfällig waren. Aber liberale Rechtspolitiker vom Schlage des ehemaligen Generalbundesanwalts Güde bildeten innerhalb der CDU/CSU eher die Ausnahme, und schließlich mußte die Union über jede Reform mitentscheiden. In ihren Reihen befürchteten viele eine «weiche Welle», die aus Gefängnissen Sanatorien mit allen erdenklichen Bequemlichkeiten mache. Heinemann unterstrich bei jeder sich bietenden Gelegenheit, daß humaner Strafvollzug und wirksame Verbrechensbekämpfung keinen Widerspruch bedeuteten, daß außerdem Resozialisierung sogar unter volkswirtschaftlichen Gesichtspunkten vernünftig sei, weil damit weiterer Schaden von der Gemeinschaft abgewendet werde.
Was Heinemann als Justizminister bewirken wollte, aber in der kurzen Zeit, die ihm zur Verfügung stand, höchstens im Ansatz erreichte, war eine grundlegend neue Einstellung zu Strafe und Verbrechen. Horst Ehmke erläutert diese Zielsetzung: «Jene pharisäerhafte Einstellung, die auf den Gestrauchelten herabsieht und ihm die Chance der Besserung verweigert, war dem Christen Gustav Heinemann zutiefst zuwider. Die Scheidelinie zwischen ‹Gerechten› und ‹Gerichteten› erschien ihm von Grund auf fragwürdig . . .»
Auch die Beseitigung der Strafvorschriften für Ehebruch, gleichgeschlechtliche Liebe unter Erwachsenen und geschlechtlichen Umgang mit Tieren löste heftige Gegenreaktionen aus. Gustav Heinemann, mit seinen festgefügten christlichen Grundprinzipien alles andere als ein Anhänger der freien Liebe und anderer Freizügigkeiten im zwischenmenschlichen Bereich, hielt seinen Kritikern entgegen, der Staat dürfe nur dort strafend eingreifen, wo jemand zu Schaden komme. Die Aufhebung von Strafvorschriften bedeute deshalb noch längst keine moralische Aufwertung des Ehebruchs und der Homosexualität. Sein Standard-Satz in diesem Meinungsstreit lautete: «Nicht alles, was sittlich unerlaubt ist, muß in der freiheitlichen Demokratie auch bestraft werden.»
Mit Erfolg wehrte sich der Minister dagegen, der Gewaltkriminali-

tät durch eine Verschärfung der Strafvorschriften zu begegnen. Als etwa im Spätsommer 1967 die öffentliche Erregung über einzelne scheußliche Sittlichkeitsverbrechen, Morde an Taxifahrern und Gewalttaten einzelner Jugendlicher in die wohlfeile Forderung nach Wiedereinführung der Todesstrafe mündete, antwortete Heinemann am 14. Oktober 1967 in einem Beitrag des ‹*Hamburger Abendblatts*›: «Man sollte überhaupt die abschreckende Wirkung von Strafdrohungen nicht überschätzen. Was die Todesstrafe angeht, so steht fest, daß sie für die Bekämpfung der Kriminalität nichts leistet, was nicht auch andere Maßnahmen leisten könnten. Wäre es anders, so müßte die Kriminalität in Ländern, die die Todesstrafe anwenden, niedriger sein als in Ländern, die auf sie verzichten. Tatsächlich ist das aber weder im Ausland noch im Inland festzustellen.» Solches Überschwappen der öffentlichen Meinung, meistens Folge einer hysterischen Berichterstattung von Boulevard-Zeitungen, veranlaßte Heinemann nicht zu billigen Kompromissen oder gar zum Rückzug, sondern zu verstärkter Aufklärungs- und Reformarbeit.

Daß auf der Bonner Rosenburg ein neuer Wind wehte, blieb der Öffentlichkeit nicht verborgen. Nach gut halbjähriger Amtszeit gab Heinemann im August 1967 eine Pressekonferenz, von der die liberale ‹*Stuttgarter Zeitung*› in ihrer Ausgabe vom 25. August folgenden Eindruck vermittelte: «Für die Bonner Journalisten . . . war Heinemanns Pressekonferenz ein reines Vergnügen. Wo sonst der große Auftritt unter den Scheinwerfern des Fernsehens stattzufinden pflegt, die Selbstdarstellung des Politikers, bei dem es mehr darauf anzukommen scheint, wie etwas gesagt wird, mit welchen Gesten, mit welcher Mimik, als auf das, was gesagt wird, ging es bei Heinemann um Fakten, Überlegungen und Argumentationen. Der Sinn einer Pressekonferenz, das Frage- und Antwortspiel nämlich, war selten so augenfällig, der Minister zeigte sich informiert auch im Detail.»

Die Sachlichkeit, aber auch die Zähigkeit, mit der Heinemann sich auf sein Amt konzentrierte, beeindruckte natürlich auch immer wieder seine eigenen Parteifreunde. Erhard Eppler, der seit 1961 der sozialdemokratischen Bundestagsfraktion angehörte, schrieb 1971 über ihn: «Die Berufskrankheit der Politiker ist nicht die Lüge, sondern die Eitelkeit. Gustav Heinemann ist der am wenigsten eitle Politiker, den ich kenne. Er versucht nie zu brillieren. Er wird höchstens aus Versehen brillant.»

Die APO und die Kapitulation der Erwachsenen

Der auf der Rosenburg entfaltete Reformeifer wirkte zwar auf andere Ministerien gelegentlich ansteckend, aber das große Aufräumen fand in den Jahren der Großen Koalition nicht statt. Viele Reformen scheiterten am Widerstand der CDU/CSU. So mußte sich auch Gustav Heinemann mit dem von ihm im Gespräch häufig verteidigten «kleinen strategischen Schritt» begnügen, der den Einstieg in eine Reform, aber noch nicht die Reform selber bedeutete. Außerdem zeigte die SPD ein Maß an Kompromißbereitschaft und Wohlverhalten gegenüber dem Koalitionspartner CDU/CSU, daß es gelegentlich schon an Selbstverleugnung grenzte.

Wenn etwa der Finanzminister Franz Josef Strauß (CSU) und der Wirtschaftsminister Karl Schiller (SPD) vor aller Welt ihr herzliches Einvernehmen demonstrierten, nachdem Sozialdemokraten den unter höchst unehrenhaften Umständen aus dem Amt geschiedenen Verteidigungsminister Strauß jahrelang politisch bekämpft hatten, kostete dies Glaubwürdigkeit vor allem bei der jüngeren Generation. Besonders die studentische Jugend, die seit Jahren auf die Misere an den Hochschulen hingewiesen und Verbesserungsvorschläge eingereicht hatte, fühlte sich enttäuscht und betrogen. Ihre Ansprechpartner in der Sozialdemokratischen Partei bekleideten plötzlich hohe Regierungsämter und vertrösteten sie auf übermorgen.

Der aufgestaute Unmut entlud sich schließlich in einer Außerparlamentarischen Opposition (APO) – die parlamentarische bestand nur noch aus einem Häuflein von 49 FDP-Bundestagsabgeordneten –, die bald den Professoren und dann den Politikern angst und bange machte. «Unter den Talaren» der Hochschullehrer entdeckte der studentische Protest den «Muff von tausend Jahren» – so verkündeten es Transparente. Durch gezielte, in den USA erprobte Verletzung von Spielregeln – besonders beliebt: Sit-in und Go-in, das demonstrative Sichhinsetzen und Überlaufen einer Lehrveranstaltung zwecks Lahmlegung – verschafften sich die APO-Anhänger Gehör. Nach überraschenden Erfolgen an den Universitäten verlegten sie ihre Aktivitäten bald auf die Straße, wo ihnen noch mehr öffentliche Aufmerksamkeit, vor allem durch das Fernsehen, gewiß war.

Eine klare Vorstellung für gesellschaftliche Veränderungen besaß die Außerparlamentarische Opposition nicht. Die APO wußte genau, wogegen sie kämpfte: gegen die Vorherrschaft der Professoren an den Universitäten, gegen die autoritäre Gesellschaft, gegen den Springer-Verlagskonzern, gegen den Vietnam-Krieg der Amerikaner. Aber wofür sie eintrat, diese Frage geriet bei der Hektik immer wieder unter die Räder. Unter den Erwachsenen verursachte der Aufstand allgemeine Ratlosigkeit. Viele überschätzten die APO; sie glaubten, eine ganze Generation erhebe sich, und kapitulierten gleich beim ersten Ansturm, was den Argwohn der Jüngeren nur noch verstärkte.

Die meisten Jugendlichen waren nur deshalb zu der Bewegung gestoßen, weil sie von der Sattheit und Selbstgefälligkeit der bundesdeutschen Gesellschaft angewidert waren. Die APO mit ihren Aktionen gab ihnen, wenigstens vorübergehend, wieder etwas Halt und Perspektive. Von West-Berlin aus, dem Zentrum der Rebellion, griff der Protest immer wieder in Wellenbewegungen auf das Bundesgebiet über, forciert durch Ereignisse wie den Besuch des inzwischen gestürzten persischen Schah Reza Pahlevi. Für dessen Schutz hatte der Westberliner Senat ein unübersehbares Heer von Polizisten aufgeboten. Einer der Beamten, Karl-Heinz Kurras, erschoß am 2. Juni 1967 den Studenten Benno Ohnesorg.

Selbst vor Gotteshäusern machten die Demonstranten nicht halt. In Hamburg kam nach einer Reihe von Störungen der Prediger und Professor Helmut Thielicke auf den Gedanken, mit Hilfe von Bundeswehrsoldaten seinen Gottesdienst zu schützen. Mit einzelnen Soldaten vereinbarte er, daß sie sich in der Michaeliskirche verteilen und, falls notwendig, eingreifen sollten. Als diese Pläne für einen kirchlichen Saalschutz in der Öffentlichkeit bekannt wurden, gab es eine heftige Diskussion, in die sich auch Justizminister Heinemann einschaltete. In einem Leserbrief an die Tageszeitung ‹*Die Welt*› vom 27. Januar 1968 empfahl der erfahrene Presbyter, sich einfach durch Singen von Kirchenliedern der Störer zu erwehren. Soldaten zum Schutz von Gottesdiensten – das erweckte bei Heinemann böse Erinnerungen an den Kirchenkampf unter den Nationalsozialisten.

«Wer mit dem Zeigefinger ...»

Am 11. April 1968, am Gründonnerstag, ereignete sich in West-Berlin ein Mordanschlag, der die bereits seit Wochen durch APO-Aktionen angespannte Atmosphäre zum Überkochen brachte und das Signal für einen bundesweiten Aufschrei des Protestes gab: Rudi Dutschke, einer der Anführer der APO, wurde von dem arbeitslosen Maler Josef Bachmann mit einem Pistolenschuß vom Fahrrad gestreckt. Dutschke entging um Haaresbreite dem Tod. Mit einer schweren Kopfverletzung schwebte er tagelang in Lebensgefahr.
Der Zorn der Studenten entlud sich in wilden Demonstrationen und Aktionen, die sich besonders gegen die Springer-Presse richteten. Die Bilanz des kaum noch kontrollierbaren Gewaltausbruchs: zahlreiche Verletzte, zertrümmerte Fensterscheiben, aufgerissene Straßenpflaster und brennende Autos. Fast grenzte es an ein Wunder, daß die Straßenschlachten keine Toten hinterließen. Schließlich war auch die Polizei mit einer bis dahin kaum gekannten Härte gegen die Demonstranten vorgegangen.
Am Ostersonntag (13. April) wandte sich zunächst Bundeskanzler Kiesinger in einer Ansprache an die Bevölkerung, bezeichnete den

Attentäter Bachmann als einen «abseitigen Verbrecher» und attakkierte im übrigen «militante linksextremistische Kräfte», die sich zum Ziel gesetzt hätten, die parlamentarisch-demokratische Ordnung zu zerstören. Viele spürten, daß die Rede Kiesingers angesichts der aufgeladenen Atmosphäre alles andere als hilfreich war.

Da neue Ausschreitungen befürchtet wurden, baten Sprecher der Außerparlamentarischen Opposition in West-Berlin noch in der Nacht von Ostersonntag auf -montag Bischof Kurt Scharf und Professor Gollwitzer in das Auditorium Maximum der Technischen Universität, wo seit dem Mordanschlag auf Dutschke Tausende von Studenten ausharrten. Die beiden sollten auf die Versammelten «beruhigend einwirken». Gollwitzer, soeben aus den Vereinigten Staaten zurückgekehrt, machte sich sofort auf den Weg. Ihm und Bischof Scharf gelang es schließlich, die Wogen etwas zu glätten und neue Gewalttätigkeiten zu verhindern.

Noch am Ostermontag hielt dann Bundesjustizminister Heinemann über den Rundfunk eine Ansprache, in der er auf pauschale Verdammungen verzichtete und statt dessen nach den Ursachen der Rebellion fragte. Gleich zu Beginn fiel jener später noch oft zitierte Satz: «Wer mit dem Zeigefinger allgemeiner Vorwürfe auf den oder die vermeintlichen Anstifter oder Drahtzieher zeigt, sollte daran denken, daß in der Hand mit dem ausgestreckten Zeigefinger zugleich drei andere Finger auf ihn selbst zurückweisen. Damit will ich sagen, daß wir uns alle zu fragen haben, was wir selber in der Vergangenheit dazu beigetragen haben könnten, daß Antikommunismus sich bis zum Mordanschlag steigerte und daß Demonstranten sich in Gewalttaten der Verwüstung bis zur Brandstiftung verloren haben.»

Die ältere Generation fragte Heinemann, ob sie den Kontakt mit der Jugend nicht längst verloren habe oder jungen Menschen unglaubwürdig geworden sei. Er empfahl Selbstbeherrschung, auch an den «Stammtischen», und erinnerte daran, daß das Recht zu demonstrieren zu den Grundrechten gehöre. Den Studenten legte er nahe, einmal darüber nachzudenken, daß Ausschreitungen und

Gewalttaten genau das Gegenteil dessen bewirkten, was sie erreichen wollten, nämlich eine feindselige öffentliche Meinung. Heinemann weiter: «Unser Grundgesetz ist ein großes Angebot. Zum erstenmal in unserer Geschichte will es in einem freiheitlich-demokratischen und sozialen Rechtsstaat der Würde des Menschen volle Geltung verschaffen. In ihm ist Platz für eine Vielfalt der Meinungen, die es in offener Diskussion zu klären gilt.»
Heinemann und Gollwitzer mußten sich für ihr Bemühen, die Wogen neu aufflackernder Gewalt zu glätten, vielfache Kritik gefallen lassen: der Minister von zahlreichen Bürgern, die mit seiner Rede nicht einverstanden waren; der Theologe von Kritikern, die ihn der geistigen Mittäterschaft an Gewaltaktionen bezichtigten, weil er in seiner Rede an der Technischen Universität «Gewalt gegen Sachen» gerechtfertigt habe. Gollwitzer wehrte sich temperamentvoll und unter Berufung auf Zeugen der Versammlung. Ihm sei es in jener Situation darauf angekommen, «eine weitere Eskalation von Gewalt zu verhindern», was ja schließlich auch gelungen sei. «Den Unsinn, Gewalt gegen Sachen sei erlaubt, habe ich nicht verkündet.»

Für die Notstandsgesetze

In jenen unruhigen Monaten vor und nach dem Attentat gegen Dutschke nahm Gustav Heinemann möglichst oft die Gelegenheit wahr, Brigitte und Helmut Gollwitzer in Berlin aufzusuchen, um über sie den Kontakt zu führenden APO-Leuten zu bekommen. Meistens bat er vorher ausdrücklich darum, einige Studenten von der «Szene» einzuladen. Auf diese Weise hat er auch Rudi Dutschke persönlich kennengelernt. Bei seinen Berlin-Aufenthalten besuchte Heinemann Studenten-Versammlungen und Kundgebungen, bei denen sich kein offizieller Vertreter des Senats blicken ließ. Sein Motiv war einzig und allein, sich einen eigenen Eindruck von der rebellierenden Jugend zu verschaffen, um ihre Beweggründe besser zu verstehen.

Die Gespräche in der Wohnung Gollwitzers verliefen nicht so, daß am Ende jeweils große Übereinstimmung und Verbrüderung herrschte. Im Gegenteil: Die Meinungsunterschiede blieben bestehen. Aber wichtig war allein schon, daß ein Bonner Minister überhaupt bereit war, Studenten in Ruhe zuzuhören und seine eigenen Ansichten sachlich dagegen zu setzen. Heinemanns Geduld bei solchen Treffen war manchmal grenzenlos. Jürgen Treulieb, der als Student vier Jahre bei dem Ehepaar Gollwitzer wohnte, erinnert sich, daß der Gast aus Bonn selbst dann nicht unwillig reagierte, wenn man «eine halbe Stunde am Stück redete». Was den Justizminister von anderen Bonner Politikern unterschied, schildert Treulieb an einem Beispiel: «Wenn ich damals Leute wie Schmidt im Bundestag reden hörte, dann hatte ich den Eindruck, da sprachen Charaktermasken irgendeiner Politik. Diesen Eindruck hatte ich bei Heinemann nie, selbst wenn er in unseren Diskussionen ähnliches vertrat. Er glaubte an das, was er sagte.»
Am meisten umstritten waren in den Gesprächsrunden bei Gollwitzer die Bonner *Notstandsgesetze*. Dieses heikle Kapitel war von den Vätern des Grundgesetzes ausgeklammert worden. Mit den Alliierten des Zweiten Weltkrieges bestanden vertragliche Vereinbarungen für bestimmte Vorbehaltsrechte, etwa das Abhören von Telefonen, die jetzt abgelöst werden und auf deutsche Stellen übergehen sollten. Schon frühere Bundesregierungen hatten auf diesem Gebiet Anläufe gemacht. Was sie an Gesetzesvorschlägen in den Geheimfächern hinterließen, war nach dem Urteil von Bundesjustizminister Heinemann einfach deprimierend.
Im Gespräch mit den Gegnern der Notstandsgesetze argumentierte er, eine Regelung müsse auf jeden Fall getroffen werden. In dieser Situation sei es doch besser, wenn Sozialdemokraten daran mitwirkten, statt sie den Konservativen zu überlassen. Außerdem müsse man doch die Sondervollmachten für einen Notstand lieber in der Hand der eigenen Regierung sehen als in der Hand eines alliierten Generals, der sich im Algerien- oder Vietnam-Krieg die Hände schmutzig gemacht habe. So schlüssig dieser Hinweis zunächst auch war, die eigentlichen Gegensätze und Meinungsver-

schiedenheiten blieben bestehen, auch und gerade zwischen Heinemann und Gollwitzer, der bis zuletzt nicht davon überzeugt war, daß die Sozialdemokraten alles getan hatten, dem umstrittenen Gesetzeswerk «die schlimmsten Zähne auszureißen». Sogar in einem Offenen Brief ließ er den Justizminister seine gegenteilige Auffassung wissen – eine Form, für die Heinemann kein Verständnis aufbringen konnte.

Der wichtigste Punkt für ihn war – und darauf wies er in einer Aktuellen Stunde des Bundestages am 10. Mai 1968 mit Nachdruck hin –, daß in der Form des «Gemeinsamen Ausschusses» die Mitwirkung des Parlaments erhalten blieb, so daß die Grundrechte des Bürgers dem Zugriff der jeweiligen Regierung entzogen wurden. Damit werde ein «Höchstmaß der Sicherung unserer freiheitlichen Ordnung auch im Zustand äußerer Gefahr oder des Krieges» gewährleistet.

Im übrigen äußerte der Minister in der Fragestunde Verständnis für die Notstandsgegner, die am nächsten Tag, also am 11. Mai 1968, einen Sternmarsch nach Bonn unternehmen wollten: «Wenn ich an die Protestbriefe denke, die mir zumal von alten politischen Weggenossen zugehen, muß ich sagen, daß da immer noch gegen vieles protestiert wird, was längst verschwunden ist. Es liegt freilich in der Natur der außerparlamentarischen Opposition, daß sie nur von draußen hier hereinschauen kann. Das habe ich selber erlebt; ich war ja sieben Jahre in der außerparlamentarischen Opposition.» Das Bundestagsprotokoll verzeichnete «Heiterkeit».

Am 30. Mai 1968 wurde das ‹*Siebzehnte Gesetz zur Ergänzung des Grundgesetzes*› – so der amtliche Titel – in namentlicher Abstimmung verabschiedet: Von den 485 stimmberechtigten Abgeordneten votierten 384 mit Ja, 100 mit Nein und ein Parlamentsmitglied enthielt sich der Stimme. Trotz aller Bemühungen, das Paket zu entschärfen, hatten es die Notstandsgesetze noch in sich: Beschränkung des Brief-, Post- und Fernmeldegeheimnisses, die Möglichkeit einer «Dienstverpflichtung», der Einsatz der Streitkräfte bei inneren Unruhen usw. Eine lange Schlacht war damit geschlagen – zugunsten der von der APO soviel gescholtenen «eta-

blierten Parteien» in Bonn. Zurück blieb ein tiefer Riß zwischen der unruhigen Jugend und den aufgeschreckten Erwachsenen.
Gustav Heinemann unternahm immer wieder den Versuch, den Graben an einigen Stellen zu überbrücken, selbst dann noch, als ihm dies von Amts wegen eigentlich nicht mehr gestattet war. Im Unterschied zu Gollwitzer und manchen anderen hatte er mehr Hoffnung auf die Durchsetzbarkeit von Reformen. Die Erfolge im Bereich der Justiz bestätigten ihn in dieser Ansicht. Aber zugleich machte er sich ebenfalls Gedanken über den gesellschaftlichen Zustand, die über den Tag hinausführten. Der Marxismus war dabei keinesfalls tabu, wie Gollwitzer in den vielen gemeinsamen Gesprächen immer wieder feststellte: «Wir waren uns in einem immer vollkommen einig: Man kann nicht den Marxismus von vornher-

ein ablehnen, weil er von Atheisten erfunden wurde. Dieses Argument hat uns gar nicht imponiert. Der Gustav stand der Christlichkeit der meisten Christen so skeptisch gegenüber, daß ihn der Atheismus von Atheisten auch nicht davon abgehalten hätte, sich mit deren Geistesprodukten zu beschäftigen.»

Gollwitzers immer deutlichere Hinwendung zum Marxismus hat Heinemann zwar mit großer Aufmerksamkeit verfolgt, aber nachvollziehen mochte er diese Wandlung nicht. Zu Beginn der fünfziger Jahre hatte der Theologieprofessor sich noch einen «Kapitalismus mit menschlichem Antlitz» vorstellen können. Unter dem Eindruck einer zunehmenden Reformfeindlichkeit in der Bundesrepublik und angesichts des sinnlosen, mörderischen Vietnam-Krieges der westlichen Führungsmacht USA gelangte Gollwitzer zu der Überzeugung, daß die Menschheit sich den «Kapitalismus nicht mehr leisten» könne, weil sie sonst daran zugrunde gehe. Das Evangelium mit seinem Auftrag, eine «nichtkapitalistische, solidarische Gesellschaft» zu verwirklichen, bildete für ihn die Brücke zum Sozialismus, den er immer radikaler gegen alle Verdächtigungen von links und rechts verteidigte. Das Buch ‹*Die kapitalistische Revolution*› (1974) war der Niederschlag seines Nachdenkens über den Zustand der Bundesrepublik, das Ergebnis eines Prozesses, den Tausende von Studenten und kritischen Bürgern nachvollzogen.

Eine Begebenheit aus dem Januar 1976 zeigt, daß Heinemann sich mit seinen Ansichten im Grunde doch nicht so sehr von denen seines Freundes unterschied, daß er mit vielen Ideen Gollwitzers sympathisierte. Bei einem Vortragsabend des Essener Honoratioren-Clubs «Zylinder», dem er und auch sein Sohn Peter angehörten, sprach der Vertreter eines Industrieverbandes über soziale Aspekte der Marktwirtschaft und lobte die Wirtschaftsordnung der Bundesrepublik über den grünen Klee. Auf dem Rückweg wollte Peter Heinemann von seinem Vater wissen, wer nun eigentlich recht habe, der Unternehmer-Funktionär oder der «Golli» (Gollwitzer). Gustav Heinemann flüsterte ihm ins Ohr: «Der Golli.»

Der Bürgerpräsident

Am Vormittag des 1. November 1968 gehörte zu den Besuchern im Büro Gustav Heinemanns auf der Bonner Rosenburg der Deutschland-Spezialist der Londoner ‹*Times*›, Richard Davy. Der Journalist wollte von dem Minister Einzelheiten der geplanten Reformen im Strafvollzug erfahren. Das Gespräch hatte gerade begonnen, als ein dringender Telefonanruf des SPD-Vorsitzenden Willy Brandt durchgestellt wurde. Brandt richtete an Heinemann eine Frage, die so ähnlich klang wie jene, die er zwei Jahre zuvor gestellt hatte, als die Große Koalition gebildet wurde und Heinemann Justizminister werden sollte. Dieses Mal jedoch wollte der SPD-Chef endgültig die Einwilligung des Ministers einholen, für das höchste Staatsamt, die Bundespräsidentschaft, zu kandidieren. Heinemanns knappe Antwort lautete «Ja», und der Minister wandte sich wieder seinem Besucher zu. Richard Davy hätte am liebsten das Thema gewechselt, aber der Bundesjustizminister lehnte dies beinahe abrupt ab: Über die Strafvollzugsreformen wolle er gern sprechen, aber nicht über die Präsidentschaft, die liege noch in weiter Ferne.

Gut fünf Monate lagen noch zwischen dem 1. November 1968 und dem 5. März 1969, an dem der neue Bundespräsident gewählt werden sollte. Heinemanns Entschluß zu kandidieren kam wie alle wichtigen Entscheidungen in seinem Leben erst nach vielen Diskussionen und manchem Zögern zustande. Innerhalb der Sozialdemokratischen Partei hatte schon früh festgestanden, daß sie mit einem eigenen Kandidaten in die nächste Bundespräsidentenwahl 1969 gehen würde. Am 7. August 1967 unterrichtete der SPD-Vorsitzende Brandt Bundeskanzler Kurt Georg Kiesinger von diesem Entschluß. Brandts Schreiben lag über ein Jahr unbeantwortet in der Schublade des Kanzlers, als es durch eine Ankündigung des amtierenden Bundespräsidenten Heinrich Lübke am 14. Oktober 1968 plötzlich wieder aktuell wurde. Lübke ließ Parteien und Öffentlichkeit wissen, er werde vorzeitig zum 30. Juni 1969 zurücktreten und nicht erst Ende des folgenden Jahres – ein Schritt, der wohlüberlegt war, weil so die Bundespräsidentenwahl durch einen ausreichenden zeitlichen Abstand aus dem unruhigen Fahrwasser der Bundestagswahl im Herbst 1969 herausgehalten wurde.

Bei den Sozialdemokraten konzentrierten sich die Überlegungen bald auf zwei Namen: Georg Leber, Bundesverkehrsminister, und Gustav Heinemann, Bundesjustizminister. Um zu einer Entscheidung zu kommen, bildete die Parteispitze zunächst eine Kommission, der außer Willy Brandt noch Helmut Schmidt, Herbert Wehner, Alfred Nau, Alex Möller, Johannes Rau und Volkmar Gabert angehörten. Dieses Gremium tagte Ende Oktober 1968 in Berlin. Bevor es einen Beschluß faßte, wurde Johannes Rau nach Düsseldorf geschickt, um mit Heinemann zwei Fragen zu klären. Der Bundesjustizminister wußte, was Rau, der Mitstreiter aus den Tagen der «Gesamtdeutschen Volkspartei», von ihm wissen wollte. «Ich sagte zu Rau: ‹Deine beiden Fragen kann ich mir denken. Du willst wissen, ob ich bei etwaiger Wahl zum Bundespräsidenten erwarte, daß man mich nach Ablauf der Amtszeit von fünf Jahren noch ein zweites Mal wähle. Antwort: Nein. Nach fünf Jahren ist Freiheit der Entscheidung für beide Seiten. Zweite Frage: Du willst wissen, ob ich mich sperren würde, wenn im Verlauf der Wahlgänge in der Bundesversammlung meine Kandidatur zugunsten einer anderen zurückgezogen werden würde. Antwort: Nein.»

So leicht hatte sich Rau das Gespräch nicht vorgestellt. Unverzüglich flog er nach Berlin zurück, und nach seiner Rückkehr faßte die Kommission den einstimmigen Beschluß, den Bundesminister der Justiz, Dr. Dr. Gustav Heinemann, als Kandidaten für das Bundespräsidentenamt vorzuschlagen. Präsidium und Vorstand der Sozialdemokratischen Partei billigten den Vorschlag mit großer Mehrheit, so daß Willy Brandt an jenem Vormittag des 1. November 1968 in Gegenwart des englischen Gastes nur noch die formelle Einwilligung Heinemanns einzuholen brauchte, bevor er gegen Mittag der Öffentlichkeit das Ergebnis der Kandidatensuche mitteilte und das Votum für Heinemann mit den Worten begründete: «Gustav Heinemann ist ein erfahrener, ein überzeugungstreuer und gerechter Mann; ein Mann des Rechts und der Gerechtigkeit. Man hat über ihn gesagt, er leuchte vor Integrität. Die Unbestechlichkeit des Urteils ist bei ihm in besonderem Maße vereint mit liberaler Gesinnung und der Fähigkeit zur Toleranz. Dieser Mann wird als Bundespräsident das politische Gewissen unseres Vaterlandes verkörpern und auch einer kritischen jungen Generation dabei helfen können, ihre Rolle in dieser Zeit und in diesem Staat erkennen zu können. Die fast puritanische Schmucklosigkeit unseres Parteivorstandsmitgliedes und Bundesjustizministers, der so viele Jahre seines Lebens in den Dienst der evangelischen Kirche gestellt hat, mag manchmal unterkühlt wirken. Wir, die ihn kennen, wissen nicht nur um seinen trockenen Humor, sondern auch um seine herzliche Menschlichkeit.»

Daß die Christlichen Demokraten keinen SPD-Kandidaten für das höchste Staatsamt akzeptieren würden, lag nicht nur an den für sie positiven Ergebnissen vorausgegangener Wahlen, sondern am Verlauf der Nachkriegspolitik überhaupt. Die einstige «Adenauer-Partei» identifizierte sich so sehr mit der Bundesrepublik, daß sie sich einen Sozialdemokraten an der Spitze des Staates gar nicht vorstellen konnte. Theodor Heuss, Vorsitzender der Freien Demokraten, war nur durch eine Koalitionsabsprache der CDU mit der FDP Bundespräsident geworden. Nach Heuss bezog der Machtanspruch der Union wie selbstverständlich die Präsidentschaft mit ein.

Nach einigem Hin und Her stand der Gegenkandidat fest: Verteidigungsminister Gerhard Schröder. Die Freien Demokraten, die auf einen eigenen Bewerber verzichteten, mußten eine schwierige Entscheidung treffen. Für die kleine Partei mit dem neuen Vorsitzenden Walter Scheel ging es letztlich darum, der Öffentlichkeit zu zeigen, ob sie der «Wurmfortsatz» der CDU/CSU bleiben oder eine Öffnung zur linksliberalen Mitte hin wagen wollte.

Im Kreuzfeuer der Presse

In den Wochen und Monaten vor der mit Spannung erwarteten Präsidentenwahl startete die CDU/CSU eine Kampagne gegen Heinemann, die vor allem unentschlossene FDP-Wahlmänner beeindrucken sollte. Nach einem Bericht der *‹Donau-Post›* vom 12. November 1968 kreidete zum Beispiel Bundesinnenminister Hermann Höcherl in einer Rede in Wörth Heinemann an, daß er schon «drei Parteien passiert» habe. Außerdem warf er dem Kabinettskollegen Bestrebungen vor, mit den geplanten Strafrechtsreformen «alle Schweinereien von Strafe freizuhalten».
Der schärfste Angriff kam von seinem Vorgänger im Amt des Bundesjustizministers, Richard Jaeger (CSU). Jaeger ging in einem Artikel für die Münchner *‹Abendzeitung›* Ende November auf Heinemanns Bedenken gegen die Wiederbewaffnung ein und warf ihm in diesem Zusammenhang vor, Kriegsdienstverweigerern näher zu stehen als Soldaten. Besonders erbost zeigte sich der CSU-Politiker über ein Treffen des Bundesjustizministers am 4. Juli 1968 mit Vertretern der verbotenen KPD: «Es ist ein unerträglicher Gedanke: Der vereidigte Vertreter der Legalität empfängt die Delegierten einer illegalen Partei. Der Hüter des Rechts empfängt diejenigen, die es mit Füßen treten. Unter Demokraten darf es keinen Zweifel geben: Wer die Feinde des Staates berät, darf nicht Oberhaupt des Staates werden.» Was die Leser der *‹Abendzeitung›* nicht erfuhren, war die Vorgeschichte des Treffens. Heinemann hatte vor dem Gespräch mit der KPD die Vorsitzenden der drei Bundestagsfraktionen, also auch die CDU/CSU, konsultiert und keine grundsätzlichen Einwände vernommen.
Neben den ablehnenden und gehässigen Kommentaren fehlte es nicht an öffentlicher Zustimmung. So brachte die Wochenzeitung *‹Die Zeit›* am 8. November 1968 eine ausführliche Lebensbeschreibung, die im ersten Absatz eine eindrucksvolle Charakterisierung der Person Heinemanns enthält: «Fast unberührt von dem fintenreichen Spiel um das Amt des Bundespräsidenten geht er seinen Geschäften nach. Mittags sieht man ihn, wie er – der einzige Mini-

ster, der bei solchem Tun beobachtet wurde – zu Fuß vom Bundeshausrestaurant zu seiner Wohnung spaziert. Da schreitet er, in sehr gerader Haltung, die zierliche schlanke Gestalt dunkel und adrett gekleidet, die Aktentasche in der Hand, meist allein – ein grau gewordener David, der manchen Goliath überlebt hat.»

Für das Hamburger Nachrichtenmagazin *‹Der Spiegel›* verfaßte Hermann Schreiber ein Porträt, das eine andere Seite im Wesen des Präsidentschaftskandidaten aufzeigte: «Im täglichen Umgang ist er so unzeremoniell, wie er ehrlich ist. Fragen, wenn sie einigermaßen konkret gestellt sind, beantwortet er am liebsten mit Ja oder Nein, jedenfalls so knapp wie möglich. ‹Gedöns› ist ihm ein Greuel. Hingegen kann es vorkommen, daß er plötzlich ohne erkennbaren Anlaß ‹Junge, Junge!› sagt oder ‹Ach, du kriegst die Motten!› und beim Verlassen des Hauses ‹Ohne Tritt, marsch!› Es kann auch vorkommen, daß er sich mit der simplen Begründung ‹Ich hab' jetzt Hunger› bereits zum Essen niederläßt, wenn die Dame des Hauses noch beim Händewaschen ist.»

Über den Kartenspieler Heinemann wußte Schreiber zu berichten: «Zu Hause zieht er einen ruhigen Doppelkopf den flimmernden Unterhaltungen des Fernsehens vor. Und außer Haus, etwa in der (Bonner) ‹Rheinlust›, spielt er einen überlegten, fachmännischen, trockenen Skat, tituliert seine Kartenbrüder ‹Freunde der Volksmusik›, riskiert plötzlich einen Kontra, handelt sich ein Re ein, verliert womöglich und sagt beim Ausrechnen des teuren Spieles, so was gehöre eigentlich ‹vor die Menschenrechtskommission›.»

Was die im März zu treffende Entscheidung anging, kam Schreiber zu dem Schluß: «Der Kandidat Heinemann ist für uns Deutsche eine Chance – eine unverdiente Gelegenheit, moralische Autorität und staatliche Autorität wieder zu vereinigen. Das ist nicht seine Chance, das ist unsere. Man wird sie eines Tages vielleicht historisch nennen – besonders, wenn wir sie verpassen.»

Die Kampagne der CDU/CSU gegen den SPD-Kandidaten für das Amt des Bundespräsidenten flachte zwar im Frühjahr 1969 etwas ab, doch noch am Wahltag machte ein Satz die Runde, der vom ehemaligen nordrhein-westfälischen Ministerpräsidenten Franz

Meyers (CDU) stammte. Er kündigte an: «Wenn Heinemann tatsächlich gewählt wird, muß ich auswandern und in die Schweiz gehen.»
Von SPD-Seite unterblieben Attacken dieser Art gegen den Kandidaten der CDU/CSU, Gerhard Schröder, obwohl dessen Angriffsflächen, etwa seine Mitgliedschaft in der NSDAP und Anwärterschaft auf die Sturmabteilung/SA, geradezu einladend auf den politischen Gegner wirken mußten. Die Sozialdemokraten hielten sich aus der öffentlichen Diskussion weitgehend heraus, schon, um die Freien Demokraten nicht zu verprellen.

Hindernisse

Störmanöver im Vorfeld der Bundespräsidentenwahl kamen noch aus zwei anderen Richtungen. Bundestagspräsident Eugen Gerstenmaier berief die Bundesversammlung, die das neue Staatsoberhaupt zu wählen hat, nach West-Berlin ein und beschwor damit fast eine neue Berlin-Krise herauf. Die DDR protestierte lautstark gegen diese «Provokation» und kündigte Gegenmaßnahmen an. Auch wenn der Flugverkehr zwischen der Bundesrepublik und West-Berlin unbehindert und planmäßig verlief, war die bleierne Spannung in den ersten März-Tagen überall zu spüren, was letztlich den Wahlausgang noch ungewisser erscheinen ließ. Ein zusätzlicher Unsicherheitsfaktor bestand in der APO, die angekündigt hatte, sie werde dem «Establishment» anläßlich der Bundesversammlung in Berlin Dampf machen.
Am Tag vor der Wahl wollte die FDP sich darüber klar werden, welcher der beiden Kandidaten für das Präsidentenamt ihre Stimmen bekommen sollte. In der Bundesversammlung, die sich aus den Abgeordneten des Bundestages und einer gleich großen Anzahl von Politikern aus den Bundesländern zusammensetzte, verfügte die CDU/CSU über 482 Stimmen, die SPD über 449 und die NPD über 22 Stimmen. Die rechtsextremen Nationaldemokraten hatten sich rechtzeitig und demonstrativ auf die Seite des Unionskandidaten

Schröder geschlagen, aber zu der in den ersten beiden Wahlgängen erforderlichen absoluten Mehrheit von 519 Stimmen reichte es noch nicht. Also kam es auf die 83 Wahlmänner der FDP an.
Am Nachmittag des 4. März versammelten sich die FDP-Wahlmänner im Dachgarten des Hotels ‹*Europäischer Hof*› in West-Berlin. Der achte Stock, der einen schönen Blick auf die Stadt freigibt, wurde für den Rest des Tages vom übrigen Hotelbetrieb getrennt. Damit die Runde vor Journalisten und anderen neugierigen Zaungästen sicher war, verkehrte der Fahrstuhl nur noch bis zum siebten Stock. Mit eindringlichen Worten machte der Parteivorsitzende Walter Scheel seinen Parteifreunden klar, worum es ging. Er sprach von dem notwendigen Brückenschlag zwischen älterer Generation und unruhiger Jugend. Nur Gustav Heinemann sei in der Lage, den Graben zu überwinden.
Die erste geheime Probeabstimmung fiel nicht so klar aus, wie Scheel es sich erhofft hatte: 57 für Heinemann, 23 für Schröder, zwei Enthaltungen. Immerhin bedeutete sie ein Mehrheitsvotum für den SPD-Kandidaten, so daß der Vorsitzende unverzüglich die nächste Frage an die Wahlmänner richtete, wer bereit sei, diese Mehrheitsentscheidung zu akzeptieren. 71 der Anwesenden stimmten mit Ja, zehn mit Nein, einer enthielt sich. Ein solches Ergebnis enthielt immer noch einen beträchtlichen Unsicherheitsfaktor, weil keineswegs sicher war, daß alle 449 SPD-Wahlmänner zur Stelle sein würden.
Noch einmal redete Scheel auf die Wahlmänner ein und wies sie mit allem Nachdruck auf die Konsequenz der zu treffenden Entscheidung hin. Im dritten Probelauf schwenkten 78 Wahlmänner auf die Linie des Vorsitzenden ein. Kurz vor 22 Uhr teilte Scheel sichtlich erleichtert den Reportern, die seit Stunden gewartet hatten, das Ergebnis mit und fügte hinzu: «Damit steht fest, daß Heinemann im ersten Wahlgang gewählt wird.» Diese Schlußfolgerung enthielt eine ganze Portion Zweckoptimismus, denn niemand konnte sicher sein, ob nicht einige der Wahlmänner über Nacht wieder schwankend würden.
Am Vorabend der Wahl fand noch eine andere Aussprache statt.

Helmut Gollwitzer hatte mit seinem Freund Heinemann ein Problem zu besprechen, das ihn seit Tagen beschäftigte. Ernst und ganz gegen seine sonstige Gewohnheit fast ein wenig feierlich nahm Gollwitzer Heinemann zur Seite: «Gustav, wenn du jetzt gewählt wirst, dann muß unsere Freundschaft ruhen. Ich bin ein durch öffentliche Angriffe belasteter Mensch, und ich darf dich damit nicht belasten. Wir müssen uns Freiheit geben.» Heinemann blickte den Freund einen Moment lang an, erwiderte kein Wort und wandte sich dann ab. Wenn er nicht reden wollte, redete er nicht, auch wenn sein Gegenüber darüber im unklaren blieb, wie das Schweigen zu deuten sei. Die Antwort kam 24 Stunden später.

Die Bundespräsidenten-Wahl

Der 5. März 1969 ist ein kalter, aber nicht unfreundlicher Frühlingstag. Die Spannung, die in West-Berlin herrscht, läßt sich äußerlich schon am riesigen Polizeiaufgebot ablesen. Aber von APO-Trupps ist in den Morgenstunden noch nichts zu sehen. Dafür hat die DDR ihre Drohung wahrgemacht, die Interzonen-Autobahn zu schließen. Soldaten der Nationalen Volksarmee und sowjetische Streitkräfte haben das Pflaster als Übungsgebiet ausersehen. Viele der über tausend in West-Berlin erwarteten Wahlmänner müssen in letzter Minute aufs Flugzeug umsteigen. Einige Dutzend sind noch nicht zur Stelle, als um 9 Uhr in den einzelnen Fraktionen die Vollständigkeit überprüft wird. Um zehn Uhr soll die Bundesversammlung in der Ostpreußenhalle beginnen.
Anspannung und Nervosität machen sich vorerst nur am Rande bemerkbar. Als die SPD-Wahlmänner sich kurz vor zehn Uhr vom Philipps-Pavillon, wo ihr Zählappell stattfand, zu Fuß auf den Weg zur Ostpreußenhalle machen, laufen sie zunächst in die falsche Richtung. Der Journalist Frank Sommer, der zusammen mit dem ‹*Spiegel*›-Reporter Hermann Schreiber die Präsidentenwahl in einem Taschenbuch dokumentiert hat, schreibt: «Willy

Brandt, Herbert Wehner, Helmut Schmidt, Gustav Heinemann und die anderen Wahlmänner folgen dem vorauseilenden SPD-Sprecher Jochen Schulz, der sie allerdings in die Irre führt. Brandt und Wehner bemerken es und übernehmen die Spitze des Zuges. Durch einen Hintereingang findet die Fraktion dann doch noch in die Halle, wo eben auch CDU/CSU und FDP eingetroffen sind.»

In der Ostpreußenhalle haben sich annähernd 2000 Menschen eingefunden, davon über 400 Journalisten. Die Fernsehscheinwerfer tasten noch einmal den riesigen Bundesadler ab, der an der Wand aufgehängt wurde, und richten sich dann wieder auf die Stelle, wo der Bundestagspräsident Platz genommen hat. Kai-Uwe von Hassel überzeugt sich, daß die Mikrofone funktionieren, bevor er kurz nach zehn mit ruhiger, klarer Stimme die Bundesversammlung eröffnet. In einer kurzen Erklärung weist er den Vorwurf der DDR zurück, die Versammlung sei eine Provokation und gefährde die Sicherheit der Bürger: «Jeder, der guten Willens ist, wird mit mir darin übereinstimmen: Es kann keine Provokation sein, wenn eine friedliche Versammlung einen Tag lang zusammentritt mit dem alleinigen Zweck, einen Bundespräsidenten zu wählen. Wir beeinträchtigen niemanden in seinen Rechten, wir können deshalb auch niemanden provozieren.»

Erster Wahlgang: Um 10.30 Uhr kann die zeitraubende Abstimmungsprozedur beginnen. Von den insgesamt 1036 Wahlmännern der einzelnen Fraktionen sind zu diesem Zeitpunkt 1023 in der Ostpreußenhalle versammelt. Der Rest ist überwiegend durch Krankheit verhindert. Ihre Namen werden alphabetisch aufgerufen, von Abelein bis Zoglmann. Um 12.15 Uhr teilt der Bundestagspräsident das Ergebnis des ersten Wahlgangs mit: Heinemann 514 Stimmen, Schröder 501, sechs Enthaltungen, zwei ungültige Stimmen. Damit hat keiner der beiden Kandidaten die absolute Mehrheit von 519 Stimmen erreicht. Die Voraussage des FDP-Vorsitzenden Scheel, Heinemann werde im ersten Wahlgang mit den Stimmen seiner Partei gewählt, hat sich nicht erfüllt. Die Liberalen müssen sich erste Vorwürfe von SPD-Seite anhören.

Noch ist die Entscheidung über den künftigen Bundespräsidenten in der Berliner Ostpreußenhalle nicht gefallen, doch Gustav Heinemann, Helmut Schmidt, Herbert Wehner und Willy Brandt (von links) geben sich optimistisch.

Zweiter Wahlgang: Die Leitung der Bundesversammlung hat inzwischen gewechselt, was bei der SPD einige Unruhe auslöst. Statt von Hassel präsidiert Richard Jaeger (CSU), Vizepräsident des Bundestages und erbitterter Widersacher Heinemanns. Um 15.09 Uhr ruft Jaeger den Namen «Zoglmann» aus und erklärt kurz darauf den Wahlgang für beendet. Die Auszählung dauert fast 40 Minuten, dann liegt das ungeduldig erwartete Ergebnis vor: Für Heinemann wurden nur noch 511 Stimmen gezählt, für Schröder 507, fünf Enthaltungen. Die Sozialdemokraten sehen ihre seit Monaten unterdrückten Befürchtungen hinsichtlich der Standfestigkeit der FDP bestätigt. Die von Scheel mühsam durchgesetzte Pro-Heinemann-Linie bröckelt offensichtlich ab. Die Verbitterung der SPD macht sich überall Luft. Von der Umfall-Partei ist die Rede und von der Wahlrechtsreform, die den Liberalen das politische Lebenslicht ausblasen könne.

Dritter Wahlgang: Die Spannung in der Ostpreußenhalle wird fast unerträglich, als ab 16.15 Uhr die Namen der 1023 Wahlmänner zum drittenmal aufgerufen werden. Überall auf den Gängen und Fluren neben der Haupthalle wird heftig diskutiert und spekuliert, werden letzte Wetten abgeschlossen. Kurz vor 18 Uhr ist der dritte Wahlgang abgeschlossen, und das Zählen beginnt wieder. An den Zähltischen nehmen die Journalisten gegen 18.25 Uhr eine plötzliche Unruhe wahr. Einige Sozialdemokraten reißen die Arme hoch, andere bleiben ungläubig stehen. Ganz ernsthaft hat kaum noch jemand an den Sieg geglaubt. Aber dann besteht Gewißheit: Der neue Bundespräsident heißt Gustav Heinemann. Für ihn haben 512 Wahlmänner gestimmt, für seinen Konkurrenten Schröder 506, bei fünf Enthaltungen. Wie ein Lauffeuer verbreitet sich die Nachricht in der Ostpreußenhalle. Bei SPD und FDP kennen Freude und Jubel kaum noch Grenzen. Sozialdemokraten und Freie Demokraten, die sich einige Stunden zuvor noch bittere Vorwürfe machten, liegen sich jetzt in den Armen. «Hei, Hei, Heinemann» hallt es durch den großen Saal. Die Spannung löst sich in Sekunden. Von den Wahlmännern der Union findet als erster und vorerst einziger Gerhard Schröder den Weg zu Heinemann, um ihm zu gratulieren. Auf die CDU/CSU wirkt der Wahlausgang wie ein Schock. Die Union hatte fest mit einem Sieg gerechnet. Nur mit einiger Mühe kann Bundestagspräsident Kai-Uwe von Hassel die allgemeine Aufmerksamkeit wieder auf sich lenken, um Heinemann zu fragen, ob er die Wahl annehme. Heinemanns «Ja, ich nehme die Wahl an» löst erneut einen Beifallssturm aus. Noch ein paar Regularien, dann richtet der noch amtierende Bundesjustizminister als gewählter Bundespräsident seine erste Erklärung an die Öffentlichkeit, die wie der gesamte Wahlvorgang von Rundfunk und Fernsehen direkt übertragen wird:

«Ich möchte allen denen, die mich gewählt haben, für das Vertrauen danken, das sie mir entgegenbringen. Denen, die eine andere

Wahlentscheidung getroffen haben, bekunde ich meinen vollen Respekt. Ich hoffe, daß es auch mit ihnen zu einer gedeihlichen Zusammenarbeit kommt über der Gemeinsamkeit der Aufgaben, die uns allen gestellt sind. Gerne möchte ich zu diesem bewegenden Vorgang, auch mich persönlich bewegenden Vorgang, noch etliches sagen. Aber das ist jetzt nicht angebracht, sondern muß zurückgestellt sein auf den Zeitpunkt, da der Amtswechsel stattfindet. Ich danke Ihnen und grüße alle deutschen Bürger.»

«Wo bleibt ihr denn?»

Hilda Heinemann hatte die aufregenden Stunden von der Tribüne der Haupthalle aus miterlebt. Im Gegensatz zur Frau des CDU-Kandidaten Schröder, die im Hotel blieb, wollte sie zusammen mit ihren Kindern am Ort des Geschehens sein, um notfalls auch den Schmerz der Niederlage mit ihrem Mann zu teilen. Nach dem zweiten Wahlgang kam ein Reporter auf die Idee, Hilda Heinemann zu interviewen. Zu diesem Zeitpunkt vermochte sie zwar einiges über ihre innere Anspannung zu sagen, aber ansonsten wußte sie auch nicht mehr als alle anderen Anwesenden in der Ostpreußenhalle. Als das Ergebnis des dritten Wahlganges feststand, kehrte der Reporter noch einmal zurück, und Hilda Heinemann gab ihm bereitwillig Auskunft: «Ja, für den Sieg gibt es keinen Ersatz. Ich freue mich.» Zu Hause in Essen freuten sich die Enkelkinder. Die vierjährige Vera Heinemann: «Unser Opa ist jetzt der neue Kaiser.» Ihr Vetter Andreas, acht Jahre alt, widersprach: «Nee, unser Opa ist der neue Lübke.»
Schon vor seinem Abflug von Bonn nach West-Berlin hatte Gustav Heinemann seine Parteifreunde wissen lassen, wie er die Präsidentenwahl zu feiern gedenke: «Wenn ich gewinne, gibt es eine kleine Feier im großen Kreis. Wenn ich verliere, eine große Feier im kleinen Kreis.» Die Direktion des Hotels ‹*Schweizerhof*›, in dem das Ehepaar Heinemann wohnte, war auf beide Fälle vorbereitet. Aber ganz im Sinne der «kleinen Feier im großen Kreis»

verlief der Abend des 5. März dann doch nicht. Die Zahl der Gäste und Gratulanten war beachtlich, darunter Willy Brandt, der SPD-Vorsitzende, Herbert Wehner, Gesamtdeutscher Minister, Helmut Schmidt, Fraktionschef der SPD im Bundestag, außerdem Heinemanns Freunde aus der GVP-Zeit: Diether Posser und Adolf Scheu, ferner Günter Grass und eine Reihe von Journalisten. Die Feier entwickelte sich im Laufe des Abends jedoch eher zu einem Kurz-Seminar über die Möglichkeiten des Bundespräsidenten, auf die unruhige Jugend einzuwirken.
Noch bevor das Gespräch richtig begann, griff Heinemann zum Telefon und wählte die Nummer Gollwitzers, um ungeduldig zu fragen: «Wo bleibt ihr denn?» Dies war die Antwort auf das Angebot des Theologieprofessors, die Freundschaft ruhen zu lassen. Bei dem Rundgespräch im Hotel übernahm Gollwitzer auf Wunsch von Heinemann die Gesprächsführung, stellte eigene Überlegungen zur Diskussion und faßte an bestimmten Stellen Gedankengänge zusammen. Heinemann selber hörte die meiste Zeit zu und hakte nur dann nach, wenn ihm etwas nicht schlüssig zu sein schien. Er wollte für sein neues Amt Anregungen und Ideen sammeln und war sich nicht zu schade dafür, in die Rolle des Lernenden zu schlüpfen. Hermann Schreiber über den neugewählten Bundespräsidenten: «Mit dem nämlichen blauen Plastik-Kugelschreiber, der ihm beim Autogrammgeben während der drei qualvollen Wahlgänge in der Ostpreußenhalle die Finger gefärbt hatte, machte er sich auf der Rückseite eines gebrauchten Bricfumschlags treulich Notizen.»

Machtwechsel

Mit dem 5. März 1969 begann ein neues Kapitel in der Nachkriegsgeschichte. Zum erstenmal stand ein Sozialdemokrat an der Spitze der Bundesrepublik Deutschland. Daß dieser Sozialdemokrat Heinemann ein unbequemer Präsident sein würde, war prophezeit worden. Die Voraussage sollte sich schneller erfüllen, als

manchen lieb war. Kurz nach seiner Wahl gab er der *‹Stuttgarter Zeitung›* ein Interview, das am 8. März 1969 erschien und einen kleinen Aufstand verursachte. Auf die Frage, wie er seine Wahl zum Bundespräsidenten bewerte, erwiderte Heinemann: «Es hat sich jetzt ein Stück Machtwechsel vollzogen, und zwar nach den Regeln der parlamentarischen Demokratie.» Angesprochen auf die Gegnerschaft zur Wiederbewaffnung und Westintegration lautete die Antwort: «Ich halte nach wie vor meinen Widerspruch gegen das Handeln des Bundeskanzlers Dr. Adenauer im Sommer 1950 für wohlbegründet.» Und schließlich Heinemann über sein Verhältnis zu den Soldaten: «... jede Bundeswehr muß grundsätzlich bereit sein, sich um einer besseren politischen Lösung willen in Frage stellen zu lassen.»
Einen Tag nach Erscheinen des Interviews reagierte Bundesfinanzminister Franz Josef Strauß (CSU) in einer Rede vor den Delegierten des CDU-Bundesparteitages in Hannover darauf mit einem Satz, der mit einem demagogischen Kniff Heinemanns Wortwahl in die Nähe von Hitlers Machtergreifung von 1933 brachte. «Aber, meine Damen und Herren, wir in Deutschland sind gegen das Wort Machtergreifung und Machtwechsel mit Recht sehr empfindlich. Wir hören das Wort nicht gern.» Und Kanzler Kiesinger sah sich am 10. März veranlaßt, darauf hinzuweisen, daß «die Richtlinien der Politik der Bundesregierung vom Bundeskanzler und von niemandem sonst bestimmt werden». Noch am selben Tag übergab Heinemann der Presse eine Erklärung, in der er seine Haltung erläuterte, inhaltlich jedoch nichts zurücknahm und gleichzeitig versicherte, er werde als Bundespräsident Zurückhaltung in tagespolitischen Fragen üben. Trotz dieser Beruhigungspille legte sich die Aufregung erst allmählich wieder.

In den Wochen, die Heinemann bis zum Amtsantritt Anfang Juli 1969 verblieben, galt es, Abschied von der Tagespolitik zu nehmen. Die Arbeit im Bonner Justizministerium ging nahtlos auf seinen Nachfolger, Staatssekretär Horst Ehmke, über. Was an Gesetzesentwürfen fertig war, wurde den parlamentarischen Gremien zur Verabschiedung überwiesen. Seine Funktionen in der Partei

legte er nieder. Die Mitgliedschaft in der SPD, der er seit elfeinhalb Jahren angehörte, ruhte. Das Staatsoberhaupt habe seine Amtsführung «unparteiisch» zu gestalten, wie er in einem Interview der Tageszeitung ‹*Die Welt*‹ erläuterte. Die Redewendung ‹überparteilich› mochte er nicht übernehmen, weil sie nach Erhabenheit und Selbsterhöhung des Staates über seine Träger klinge. Auch das Wort «Staatspräsident» liege ihm nicht, sagte er. «Dann schon lieber ‹Bürgerpräsident›, um damit zu dokumentieren, daß es mir auch in der neuen Funktion wichtig ist, mit den Menschen, mit ihren alltäglichen Nöten, Gedanken und Meinungen in einem möglichst guten Zusammenhang zu bleiben.»
Wie sehr er sich in seinem Staatsverständnis von anderen Politikern unterschied, hatte er schon vorher deutlich gemacht, als er auf die Reporterfrage, ob er den Staat liebe, schlagfertig und unnachahmlich antwortete: «Ich liebe nicht den Staat. Ich liebe meine Frau.» Den ‹*Spiegel*›-Reportern, die ihn Ende Juni 1969 in seinem Ferienquartier auf der Insel Spiekeroog aufsuchten, teilte er beispielsweise mit, er wolle die «Fülle von sogenannten Schirmherrschaften, Ehrenpräsidien und anderen Formalien vermindern». Auf die Frage, ob er eine Autorität in Deutschland sei, auf die Studenten nicht mit Tomaten, Eiern und Farbbeuteln werfen würden, erwiderte er trocken: «Nein, das bin ich nicht.» Angesprochen auf Vorbehalte gegen seine Präsidentschaft, meinte er: «Das wäre doch gegen alle menschliche Natur, wenn nun plötzlich alle anfangen würden, mich zu ehren und zu lieben.»
Natürlich brachten ihm nicht alle Bundesbürger Verehrung und Liebe entgegen, aber das Maß an Vertrauen, das die Menschen in ihn setzten, war erstaunlich groß. Das äußerte sich zum Beispiel in unzähligen Briefen, deren Absender dem gewählten Präsidenten ihre Sorgen und Nöte vortrugen.
Die Welle der Hilfsgesuche, die die fünf Präsidenten-Jahre hindurch kaum zurückging, war für Gustav Heinemann ein ernstes Indiz dafür, daß in der bundesdeutschen Wohlstandsgesellschaft zu viele zu kurz kamen. Bei verschiedenen Gelegenheiten, auch in seiner Antrittsrede als Bundespräsident am 1. Juli 1969 , wies er

auf diese Zuschriften hin, aus denen neben zahlreichen Bedrängnissen des täglichen Lebens auch eine Angst vor der Zukunft, Sorge um den Arbeitsplatz und die Furcht vor dem Altwerden spreche. Diese Ansprache zum Auftakt seiner Amtszeit als Staatsoberhaupt enthält Passagen, die wohl noch jahrzehntelang Geltung haben werden. Statt wohlfeile und unverbindliche Ansichten aneinanderzureihen, schilderte der neue Bundespräsident den Bürgern und Bundestagsabgeordneten in einfachen und verständlichen Worten seine Anliegen, ohne allerdings die ihm auferlegte Pflicht zur Unparteilichkeit zu verletzen.
Heinemann als neuer Bundespräsident – das war ein Signal, das auch im Ausland dankbar aufgenommen wurde, wie wohlmeinende Berichte und Kommentare so angesehener Blätter wie der Londoner ‹*Times*›, der ‹*New York Times*› und des Pariser ‹*Le Monde*› zeigten.

GUSTAV HEINEMANN

Ansprache vor dem Deutschen Bundestag und dem Bundesrat in Bonn, 1. Juli 1969

Meine Herren Präsidenten, Exzellenzen, meine Damen und Herren!

Mit dem hier geleisteten Eid trete ich in die Verantwortung des Amtes ein, für das die Bundesversammlung mich am 5. März gewählt hat.
Zunächst danke ich Ihnen, Herr Bundestagspräsident, für die Begrüßung und die guten Wünsche dieser Versammlung zu meinem heutigen Amtsantritt sowie Ihnen, Herr Dr. Lübke, für die überaus freundliche und hilfreiche Art, mit der Sie Ihr Amt auf mich überleiten ... Ich trete das Amt in einer Zeit an, in der die Welt in höchsten Widersprüchlichkeiten lebt. Der Mensch ist im Begriff, den Mond zu betreten, und hat doch immer noch diese Erde aus Krieg und Hunger und Unrecht nicht herausgeführt. Der Mensch will mündiger sein als je zuvor und weiß doch auf eine Fülle von Fragen keine Antwort. Unsicherheit und Resignation mischen sich mit der Hoffnung auf bessere Ordnungen. Wird solche Hoffnung endlich erfüllt werden? Das ist eine Frage an uns alle, zumal an uns hier, die wir kraft der uns erteilten Mandate Verantwortung für unsere Mitbürger tragen. Ich sehe als erstes die Verpflichtung, dem Frieden zu dienen. Nicht der Krieg ist der Ernstfall, in dem der Mann sich zu bewähren habe, wie meine Generation in der kaiserlichen Zeit auf den Schulbänken lernte, sondern der Frieden

ist der Ernstfall, in dem wir alle uns zu bewähren haben. Hinter dem Frieden gibt es keine Existenz mehr ...
Ich möchte alles, was ich tun kann, in den Dienst der Bemühungen um eine Friedensregelung stellen, die unser ganzes Volk einschließt. Auf dem weiten Weg bis zu diesem Ziel gilt es, die Lebensverbundenheit der Menschen unseres Volkes zu stärken und zu verbessern. Hilfreich wäre es, wenn auch wir der Friedensforschung, das heißt einer wissenschaftlichen Ermittlung nicht nur der militärischen Zusammenhänge zwischen Rüstung, Abrüstung und Friedenssicherung, sondern zwischen allen Faktoren, also z. B. auch den sozialen, den wirtschaftlichen und den psychologischen, die gebührende Aufmerksamkeit zuwenden würden ...
Unser Volk kann aus seiner Geschichte vieles aufweisen, was uns mit Freude und Selbstbewußtsein zu erfüllen vermag. Es ist nicht wenig, was wir zur Bereicherung der Menschheit beigetragen haben. Aber unter Mißbrauch des Namens unseres Volkes ist auch das Unheil des Zweiten Weltkrieges entfesselt worden. Nur wenn wir uns selber nicht aus der Frage entlassen, wie es zu dem schreckensvollen Kapitel des Nationalsozialismus kommen konnte, werden andere Völker dieses Kapitel nicht länger gegen uns hervorkehren können. Diese Vergangenheit darf auch um derer willen nicht wiederkehren, die neben den Millionen Juden und den weiteren Millionen Kriegstoten in aller Welt aus unserem eigenen Volk zu den Opfern des nationalsozialistischen Terrors, des Krieges und schließlich der Vertreibung von Haus und Hof gehören. Als 1945 der Krieg endlich zu Ende war, als sich nach einem Wort von Theodor Heuss damals die Paradoxie ereignete, daß wir gleichzeitig erlöst und vernichtet waren, sollte das Geschehene zum Anlaß einer Erneuerung werden. Auch nach allem materiellen Wiederaufbau und über allem fortschreitenden Generationswechsel hinweg bleibt die Aufhellung unserer eigenen Geschichte um unserer Zukunft willen geboten.
Meine Damen und Herren, wir stehen erst am Anfang der ersten wirklich freiheitlichen Periode unserer Geschichte. Freiheitliche Demokratie muß endlich das Lebenselement unserer Gesellschaft werden. Nur wenn das gelingt, begegnen wir der Widersprüchlichkeit unserer Zeit, die ich darin sehe, daß der Bereich dessen, was der einzelne gestalten kann, enger wird, zugleich aber die Selbstbestimmung des einzelnen Raum gewinnt. Was ich meine, ist dieses:
In einem zuvor nie erlebten Tempo macht sich die Menschheit die Schöpfung bis in den Weltraum hinein untertan. Der einzelne aber wird immer ohnmächtiger. Die Konzentration der Wirtschaft schreitet fort. Die ohnehin großen Bürokratien wachsen weiter. Was wird – so frage ich – aus dem freien Existenzraum der einzelnen? Ihr Anteil am Getriebe von Erzeugung und Verbrauch wird immer spurenloser, immer unpersönlicher, immer fremdbestimmter. Ist es aber zugleich nicht auch so, daß wir eine neue Welle von Umbruch einer jahrhundertelangen Fremdbestimmung des Menschen in eine verantwortliche Eigenbestimmung erleben? Solcher Umbruch hat sich seit dem Ausgang des Mittelalters in verschiedenen Bereichen längst angebahnt. Er kommt aber jetzt in besonderer Breite und Intensität zu neuem Austrag. Überall müssen Autorität und Tradition sich die Frage nach ihrer Rechtfertigung gefallen lassen. Weder die christlichen Kirchen mit ihren Glaubensaussagen und ihren Ordnungen noch der Staat mit seinen verfassungsmäßigen Organen wie etwa den Parlamenten noch Sitte und Moral als solche oder in ihrem Verhältnis etwa zum Strafrecht oder zum Familienrecht noch die Sozialordnungen – zumal in den Bereichen von Ehe und

Familie, des Eigentums oder der Arbeit – sind heute von bohrenden kritischen Fragen ausgenommen.
Generell wird man sagen müssen, daß ein Drang nach Freiheit von alten Bindungen und nach Mitbestimmung in allen Gemeinschaftsverhältnissen unsere Zeit erfüllt. Es geht um den Dialog, es geht um die Durchsichtigkeit der Geschehnisse und der Entscheidungen. Sind wir – so frage ich – bereit, dem Rechnung zu tragen? Ich meine, wir sind in der Lage, die große Wandlung aus obrigkeitlicher Fürsorge in Selbstbestimmung und Selbstverantwortung zu bestehen, ohne daß unser Zusammenleben aus den Fugen gerät. Es kommt ja hinzu, daß der Mensch sich nicht nur in seiner Arbeit und seinem Verbrauch einer Fremdbestimmung ausgeliefert sieht, sondern daß er auch als Staatsbürger einen realen Anteil an demokratischer Mitbestimmung fordert. In den Massengesellschaften der Industriestaaten kann es aber nur repräsentative Demokratie geben.
Diese Bundesrepublik Deutschland ist daher bewußt als repräsentative Demokratie gestaltet. Ich halte ihre auf Menschenwürde und Menschenrechte begründete Ordnung als Grundlage und Rahmen für die beste in unserer bisherigen Geschichte. Diese Ordnung ist aber nicht fertig. Alle ihre Orientierungsmerkmale, als da sind: freiheitliche Demokratie, soziale Gerechtigkeit und Rechtsstaatlichkeit, bedürfen im Staat und in der Gesellschaft der fortwährenden Bemühung um täglich bessere Verwirklichung durch den mündig mitbestimmenden Bürger.
Meine Damen und Herren, ich weiß, daß manche das nicht hören wollen. Einige hängen immer noch am Obrigkeitsstaat. Er war lange genug unser Unglück und hat uns zuletzt in das Verhängnis des Dritten Reiches geführt. Andere halten unsere heutige Ordnung für eine besonders raffinierte Ablenkung und Unterdrückung, der mit der »großen Weigerung« begegnet werden müsse. Sie verhalten sich so, als ob sich das Reich Gottes auf Erden verwirklichen oder das verlorene Paradies wiederherstellen ließe. Wir bleiben in diesem unserem Leben an die relative Utopie einer verbesserten Welt gewiesen, die vernünftigerweise allein das Leitbild unseres Handelns sein kann.
Das Geheimnis auch der großen und umwälzenden Aktionen besteht darin, den kleinen Schritt herauszufinden, der zugleich ein strategischer Schritt ist, indem er weitere Schritte in Richtung einer besseren Wirklichkeit nach sich zieht. Darum hilft es nichts, das Unvollkommene heutiger Wirklichkeit zu höhnen oder das Absolute als Tagesprogramm zu predigen. Laßt uns statt dessen durch Kritik und Mitarbeit die Verhältnisse Schritt für Schritt ändern! Ich verstehe den Unwillen über alle Trägheit in der menschlichen Gesellschaft bis in die Kirchen hinein. Zeitlebens bin ich selber ein ungeduldiger Mensch gewesen. Ich bin es immer noch. Das mag übrigens der Grund dafür sein, daß ich zur Unpünktlichkeit neige und zu Verabredungen gerne zu früh komme. In dieser meiner eigenen Ungeduld verstehe ich sogar die radikalen Gruppen der unruhigen Jugend. Aber gerade sie kann ich aus meiner eigenen Ungeduld nur zur Verstärkung derer rufen, die den langen Marsch der Reformen bereits vor ihnen angetreten haben und fortzusetzen entschlossen sind ...
In unserer Gesellschaft verfolgen vielerlei Gruppen unterschiedliche Ziele und Auffassungen, von denen jede Gruppe wünscht, daß alle Bürger sie sich zu eigen machen sollten. Diese Vielfalt kann beschwerlich sein. Im Rahmen der Wertordnung unseres Grundgesetzes darf sie gleichwohl nicht erstickt werden. Sie ist eine Bereicherung menschlicher Existenz. Unsere freiheitliche Ordnung

eines weltanschaulich neutralen Staates ist ein großes Angebot. Sie regelt das Abstimmbare der praktischen Gemeinschaftsfragen durch Mehrheitsentscheidungen. Demokratischer Umgang miteinander erfordert dabei die Bereitschaft zum Kompromiß. Die Fragen des Guten, des Schönen, der Wahrheit, des Glaubens aber verweist unsere Ordnung als nicht abstimmbar auf den Weg des Dialogs und in die Obhut der Toleranz. Ich habe kürzlich an ein Wort von Emerson erinnert:

Gott bietet jedem die Wahl
zwischen Wahrheit und Schlaf.
Nimm, was Du möchtest.
Beides kannst Du nicht haben.

Nicht weniger, sondern mehr Demokratie – das ist die Forderung, das ist das große Ziel, dem wir uns alle und zumal die Jugend zu verschreiben haben. Es gibt schwierige Vaterländer. Eines davon ist Deutschland. Aber es ist u n s e r Vaterland. Hier leben und arbeiten wir. Darum wollen wir einen unseren Beitrag für die e i n e Menschheit mit diesem und durch dieses unser Land leisten. In solchem Sinne grüße ich auch von dieser Stelle alle deutschen Bürger.

Fiete Schulze – verbrecherisches Vorbild?

Wie sehr das neue Staatsoberhaupt dem Anspruch, ein politischer Präsident zu sein, gerecht wurde, zeigte sich schon drei Wochen nach der Amtsübernahme. Seine erste Reise als Bundespräsident führte ihn nach West-Berlin, wo er zum 25. Gedenktag des 20. Juli 1944 in der Gedenkstätte für die Opfer des Nationalsozialismus in Berlin-Plötzensee eine Ansprache hielt. Auch in dieser Rede rüttelte er an Tabus und bequemen Geschichtsvorstellungen der Deutschen. Das Dritte Reich – so Heinemann – sei kein Betriebsunfall gewesen, denn gewalttätigen Nationalismus habe es schon vor dem Ersten Weltkrieg gegeben. Zu den Widerstandskämpfern zählte er nicht nur die Männer und Frauen des 20. Juli 1944 – Claus Graf Schenk von Stauffenberg etwa und Helmuth James Graf von Moltke –, sondern auch einen kommunistischen Arbeiter und Rotfrontbund-Kämpfer, der in der Bundesrepublik weitgehend in Vergessenheit geraten war: Fiete Schulze, 1894 in Hamburg geboren, wur-

de Ostern 1933 von den Nazis verhaftet, im März 1935 wegen seines Widerstandes zum Tode verurteilt und drei Monate später mit dem Beil hingerichtet. Über ihn sagte Heinemann:
«Der Hamburger Arbeiterführer Fiete Schulze, auf dessen Namen die DDR übrigens eines ihrer Schiffe getauft hat, schrieb vor seiner Hinrichtung im Juni 1935 in einem Abschiedsbrief an seine Schwester: ‹Du haderst mit den Verhältnissen, die Dir den Bruder nehmen. Warum willst Du nicht verstehen, daß ich dafür sterbe, daß viele nicht mehr einen frühen und gewaltsamen Tod zu sterben brauchen?›» Heinemann weiter: «Solches Vermächtnis stellt uns vor die immerwährende Aufgabe des demokratischen Rechtsstaates. Die Widerstandskämpfer, die nur mit einem Anschein von Justiz einfach niedergemacht wurden, fragen uns, ob wir gegen antidemokratische Geistesrichtungen immun bleiben, ob wir den Geist der ruhigen Vernunft in der Politik bewahren, ob wir Recht und Gerechtigkeit gegen jedermann obwalten lassen.»
Der Nebensatz «auf dessen Namen die DDR übrigens eines ihrer Schiffe getauft hat» enthielt einen Seitenhieb auf die bundesdeutsche Traditionspflege. Die Marine hatte kurze Zeit vorher den letzten von drei Zerstörern in Betrieb genommen, die ausschließlich Namen von Offizieren des Zweiten Weltkrieges trugen.
Folgenreicher als der Seitenhieb, der ohnehin kaum beachtet wurde, war überhaupt die Erwähnung von Fiete Schulze in der Gedenkrede. Sie löste ein Gerichtsverfahren aus, das in den folgenden Jahren bis zum Bundesgerichtshof in Karlsruhe ging. Die rechtsextreme *‹Deutsche National-Zeitung›* beschäftigte sich am 8. August 1969 unter der Überschrift *‹Heinemanns verbrecherische Vorbilder›* mit der Rede des Bundespräsidenten in Berlin-Plötzensee. Unter Bezug auf das Todesurteil vom März 1935 nannte das Blatt den Arbeiterführer einen «Killer», der im Zusammenhang mit dem 20. Juli nicht gefeiert werden dürfe. Die in Hamburg lebende Tochter von Fiete Schulze, Wilma Giffey, strengte daraufhin eine Klage gegen den Herausgeber der *‹National-Zeitung›*, Gerhard Frey, an. Mit Urteil vom 19. März 1971 untersagte das Landgericht Hamburg zwar den Ausdruck «Killer» und verpflichtete das

Blatt auf Widerruf, weitergehenden Forderungen der Klägerin auf Zahlung eines Schmerzensgeldes von 4000 Mark und auf Widerruf der Bezeichnung «Mörder» gab das Gericht nicht statt. Begründung: Die Verurteilung von Fiete Schulze als Mörder sei nicht nur als eine historische Tatsache anzusehen, sondern könne auch den unwiderlegbaren Beweis dafür darstellen, daß die über ihn behauptete Tatsache wahr sei.
Wilma Giffey ging in die Berufung, die schließlich am 13. Juli 1972 vom Hamburger Oberlandesgericht verworfen wurde. Begründung: Die Veröffentlichung in der ‹*National-Zeitung*› habe sich auf ein rechtskräftiges Urteil gestützt. Die ‹*Hamburger Morgenpost*› kommentierte: Das Urteil sei ein Skandal. Zwei Jahre später, am 4. Juni 1974, wies der Bundesgerichtshof in Karlsruhe die Revision gegen den in Hamburg gefällten Beschluß zurück und erlegte der Klägerin, also Fiete Schulzes Tochter, auf, die Kosten des Einspruchs zu tragen. Dieser höchstrichterliche Spruch richtete sich nicht nur gegen Wilma Giffey und ihren Vater, sondern letztlich auch gegen den Bundespräsidenten Heinemann.

Villa Hammerschmidt

Die Amtsübernahme bedeutete für Heinemann zunächst einmal, sich in der neuen Rolle zurechtzufinden, vieles zu erlernen und manches zu ertragen, was ihm auf die Nerven ging. Daß zum Beispiel die Reporter ihn auf Schritt und Tritt verfolgten und aus ihm einen «Staatsschauspieler» machten, daran konnte und wollte er sich nicht gewöhnen. Hier bildeten sich häufig Reibungsflächen. Als eines Tages Uta Ranke-Heinemann Zeuge wurde, wie ihr Vater einen Fotoreporter recht unsanft behandelte, machte sie ihm Vorhaltungen. Heinemann tat die Sache leid, und der Journalist, der ihn den ganzen Tag über begleitete, durfte danach als Entschädigung die schönsten Exklusiv-Fotos machen.
Für unwirsche Abwehrreaktionen dieser Art gab es allerdings auch einen ganz verständlichen Grund. Bei dem regelmäßig auf ihn her-

niedergehenden Blitzlichtgewitter schmerzten Heinemann die Augen sehr stark. Die von der Mutter geerbte Augenkrankheit war zwar rechtzeitig behandelt worden, aber zurück blieb eine erhöhte Lichtempfindlichkeit.

Die Wahl in das höchste Staatsamt brachte es auch mit sich, daß der 1950 schon einmal in Aussicht genommene Umzug von Essen nach Bonn jetzt endgültig vollzogen wurde. Das Mietshaus an der Schinkelstraße in Essen war die ganzen Jahre hindurch der ruhende Pol im Leben der Familie Heinemann gewesen. Als Wochenendzuflucht sollte die Wohnung zwar beibehalten werden, aber das Präsidentenamt machte es erforderlich, daß auch Hilda Heinemann ständig in der Bundeshauptstadt lebte.

Ein eigenes Haus hat Gustav Heinemann übrigens nie besessen. Der Traum vom Eigenheim, der Millionen seiner Landsleute fasziniert, hat ihn nie beschäftigt. Dabei hätte er ihn leicht verwirklichen können, denn das Geld dazu besaß er jedenfalls. Heinemann nannte nicht einmal ein Auto sein eigen. Als ihm seine Frau 1964 überraschend eröffnete, sie habe gerade ihre Führerscheinprüfung bestanden, gratulierte er zwar, aber zur Anschaffung eines Wagens kam es nicht. Daher war er immer darauf angewiesen, gefahren oder mitgenommen zu werden. So passierte es, daß ihn einer seiner Schwiegersöhne, der Pfarrer Manfred Wichelhaus, eines Tages mit einem VW-Käfer zu einem Gala-Empfang auf Schloß Augustusburg in Brühl brachte und dabei fast von den Wachen zurückgewiesen worden wäre.

Die Villa Hammerschmidt gehörte Ende vergangenen Jahrhunderts einem wohlhabenden Industriellen. Der Geheime Kommerzienrat Rudolf Hammerschmidt hatte das schloßähnliche Gebäude mit dem vier Hektar großen Park erworben, um auf dem schönen Anwesen mit Blick auf Rhein und Siebengebirge seinen Lebensabend zu verbringen. Die Erben Hammerschmidts verkauften das hochherrschaftliche Haus im Jahre 1950 für einen Betrag von 750000 Mark an die Bundesregierung, die in der provisorischen Bundeshauptstadt dringend nach einem Amtssitz für den ersten Bundespräsidenten suchte. Bevor Theodor Heuss in die Villa

Hammerschmidt einzog, wurde sie renoviert und umgebaut. Gleichzeitig entstand am Rande des Parks ein zweistöckiges Gebäude für das künftige Präsidialamt.
Mochte die Villa Hammerschmidt den Ansprüchen eines Industriellen genügen, für die Repräsentationspflichten eines Staatsoberhauptes erwies sie sich im Laufe der Jahre als unzureichend. Für die Bewirtung größerer Gesellschaften reichten weder Küche noch Räumlichkeiten. Aber in ihrer Unzulänglichkeit paßte die Villa andererseits zum Provisorium Bonn.
Der Amtswechsel von Heinrich Lübke auf Gustav Heinemann im Sommer 1969 bot sich für eine gründliche Renovierung an. Der Putz an den Außenwänden blätterte, die Heizung hatte im vorangegangenen Winter öfter versagt, und Unterkünfte für Gäste des Präsidenten fehlten fast völlig. Deshalb zog das Ehepaar Heinemann für die Zeit der Renovierung in das sogenannte Palmenhaus, ein Nebengebäude der Villa, das zeitweise tropische Pflanzen beherbergt hatte und später als Apartment-Haus für Gäste umgebaut wurde.
Das Eingewöhnen in der neuen Umgebung brauchte seine Zeit. Der Kolumnist der ‹*Frankfurter Allgemeinen Zeitung*›, Walter Henkels, der das Ehepaar Heinemann in der zweiten Juli-Hälfte aufsuchte, hatte den Eindruck, daß der neue Präsident noch kein richtiges Verhältnis zu seinem Amt habe. «Es herrscht eine ungewöhnliche Ruhe hier. Der Besucher wird von dieser Ruhe und der Fremdheit und distanzierten Überlegenheit der ungewohnten Umgebung eingeschüchert.» Auf Henkels' Frage, wie er sich in seinem Amt fühle, erwiderte Heinemann scherzhaft: «Wie im offenen Strafvollzug.» Tatsächlich mußte er allerlei Sicherheitsvorkehrungen über sich ergehen lassen. Schon seit der Wahl im März 1969 war ein Kriminalbeamter zu seinem Schutz abgestellt. Das Wohnhaus in Essen bekam im Laufe der Zeit einen kleinen unauffälligen Anbau, die Unterkunft für Angehörige der Sicherungsgruppe Bonn, die an den Wochenenden, an denen der Präsident in Essen wohnte, für diskrete Beobachtung sorgten. War Heinemann mit seinem Dienst-Mercedes 300 unterwegs – auf den ihm zuste-

henden Mercedes 600 verzichtete er ebenso wie sein Vorgänger –, fuhr jeweils ein mit Sicherheitsbeamten besetztes schnelles Fahrzeug vorweg, das der Kolonne den Weg bahnte. Für Heinemann war dies sein «Gassenhauer».
Heinemann fügte sich dem ihn umgebenden Sicherheitsapparat, der ihm allerdings zu schaffen machte. So konnte er zum Beispiel nicht mehr morgens ein öffentliches Hallenbad aufsuchen, wie er es noch als Justizminister getan hatte, um seine Runden zu drehen und sich für den Tag fit zu machen. Für eine Übergangszeit nach Amtsantritt wurde die Schwimmhalle der Sporthochschule auf dem Venusberg für ihn reserviert, bis die Villa Hammerschmidt um ein überdachtes und geheiztes Bad ergänzt wurde. Zu den morgendlichen Schwimmübungen lud Heinemann meistens Fahrer und Bewacher mit ein, ihre Kondition reichte oft nicht an die des Präsidenten, der zwanzig Minuten ohne Unterbrechung durchhielt.

Morgenkränzchen, Neujahrsempfänge und abendliche Gesprächsrunden

Gustav Heinemann war Frühaufsteher. Um sechs Uhr morgens ließ er sich die Zeitungen bringen, um sich einen ersten Überblick zu verschaffen. Nach dem täglichen Schwimm-Pensum und dem anschließenden Frühstück begab er sich in das Präsidialamt, wo um 9 Uhr das von ihm so bezeichnete «Morgenkränzchen» begann, eine erste Besprechung mit seinen engsten Mitarbeitern, Staatssekretär Dietrich Spangenberg, Ministerialdirektor Fritz Caspari, seinem persönlichen Referenten Johann Sebastian Buhrow, dem Pressereferenten Müller-Gerbes sowie Günther Markscheffel, seinem Berater. Dabei wurden der Tagesablauf, bevorstehende Reisen, Briefe, Redeentwürfe usw. besprochen. Um 9.30 Uhr kam regelmäßig Paul Friedrich Martin vom Bundespresseamt hinzu, der eine umfassende Übersicht über Berichte und Kommentare in den Medien gab.

Das von Staatssekretär Spangenberg geleitete Bundespräsidialamt umfaßte etwa 100 Beamte und Angestellte. Ihre Aufgabe war es, dem Präsidenten bei der Amtsführung zur Seite zu stehen. Nach der Geschäftsordnung der Bundesregierung hat der Staatssekretär des Präsidenten das Recht, an den Sitzungen des Kabinetts teilzunehmen, eine Bestimmung, die sicherstellen soll, daß das Staatsoberhaupt über alle Vorgänge innerhalb der Regierung unmittelbar unterrichtet ist. Um seine Überparteilichkeit zu dokumentieren, hatte Heinemann versucht, als Leiter des Präsidialamtes von der CDU die Politiker Paul Mikat oder Heinrich Köppler zu gewinnen. Beide lehnten ab, so daß das Angebot an den Westberliner Senator für Bundesangelegenheiten, Dietrich Spangenberg (SPD), ging, der einwilligte und zu Heinemann schnell ein loyales und enges Vertrauensverhältnis fand.
Zum Mitarbeiterstab des Bundespräsidenten gehörte auch Kapitän zur See Werner Gruber, dessen schwierige Aufgabe darin bestand, zusammen mit Spangenberg das verkrampfte Verhältnis zur Bundeswehr zu lockern. Heinemann selber gab sich dabei alle erdenkliche Mühe. In den ersten drei Jahren seiner Präsidentschaft besuchte er häufiger Bundeswehreinheiten als jeder seiner beiden Vorgänger. Allerdings verzichtete er auf die großartige Vorführung von militärischem Gerät zugunsten des direkten Gesprächs mit den Soldaten.
Der Alltag eines Bundespräsidenten sieht weniger glanzvoll aus, als der äußere Anschein vermuten läßt. Seine Befugnisse sind fest umrissen: die Vertretung der Bundesrepublik Deutschland nach innen und außen. Erst im Fall einer Regierungskrise kann das Staatsoberhaupt unter bestimmten Voraussetzungen zum politischen Handeln veranlaßt werden. An normalen Arbeitstagen bekommt der Präsident dicke Unterschriftsmappen vorgelegt. Sie enthalten Urkunden für Bundesbürger, die mit einem Bundesverdienstorden ausgezeichnet oder einfach zu Beamten ernannt werden sollen. Was Heinemann störte, war der Umstand, daß unter den Vorschlägen für die Verleihung von Bundesverdienstorden der Öffentliche Dienst, die Staatsbediensteten also, weit vorn lag, sel-

ten jedoch einmal eine Krankenschwester oder ein Hochofenarbeiter in den Listen zu finden war.

Innerhalb der engen Grenzen, die ihm sein Amt setzte, versuchte Heinemann, soviel wie möglich zu verändern und zu bewegen, kleine Pflöcke einzuschlagen im Bewußtsein der Menschen. So verzichtete er bei seinem 70. Geburtstag am 23. Juli 1969 ausdrücklich auf Galaempfang und Zapfenstreich. Ein Auftritt des Grenzschutzes genügte ihm. Die für verschiedene Anlässe kleinlich genau geregelte Kleiderordnung brachte er, so gut es ging, durcheinander. Kurz nach seiner Wahl hatte er schmunzelnd versprochen: «Auf meinen Einladungskarten steht künftig: Anzug beliebig, aber erwünscht.» Bei den Neujahrsempfängen in der Villa Hammerschmidt brauchten die Gäste fortan nicht mehr im Cutaway mit schwarzer Weste zu erscheinen. Es tat auch ein dunkler Straßenanzug, wie das Beispiel des Bundespräsidenten aller Welt bewies. Bei solchen Anlässen wollte Heinemann nicht nur die Repräsentanten von allen möglichen Organisationen und Verbänden um sich versammelt sehen, sondern auch das Volk, die Bürger. Auf seine Veranlassung hin wurden Krankenschwestern, Bauarbeiter, Entwicklungshelfer, Bankangestellte usw. eingeladen.

Neben diesen alles in allem doch mehr zufälligen Einladungen ließ Heinemann sich immer wieder Gesprächsrunden zu bestimmten Themen zusammenstellen, etwa zum Gastarbeiterproblem, zur Situation lediger Mütter, Rauschgiftkonsum und Strafvollzug. Solche Begegnungen mit Fachleuten, Praktikern und Betroffenen fanden meistens abends statt und hatten einen bestimmten Ablauf. Zunächst nahmen die Besucher mit Hilda und Gustav Heinemann gemeinsam das Abendessen ein und versammelten sich dann zum Gespräch im angrenzenden ehemaligen Kanzler-Bungalow. Was das Essen betraf, so war Heinemann nicht selten als erster damit fertig. Für kulinarische Freuden nahm er sich wenig Zeit. Bei der Diskussion übernahm einer der Gäste die Leitung. Heinemann als Gastgeber beschränkte sich meistens auf Fragen und Zuhören. Für ihn waren solche Abende Teil seines «dauernden Fortbildungskurses», wie er den eigenen lebenslangen Lernprozeß nannte.

Unsichtbare Fesseln

Das Ansehen des neuen Bundespräsidenten nahm in den ersten Monaten seiner Amtszeit weiter zu. Ein kleines Beispiel: An der Autogramm-Börse einer Düsseldorfer Elektrofirma erreichte Ende August 1969 bei einer Aktion «Sorgenkind» ein Porträt Heinemanns mit dessen Unterschrift innerhalb weniger Stunden die Spitzenposition, die nur noch von den Beatles übertroffen wurde. Meinungsumfragen im Mai 1972 ergaben, daß achtzig Prozent der Bevölkerung mit seiner Amtsführung einverstanden waren – ein Maß an Zustimmung, das bis dahin noch kein Politiker verbucht hatte. Dieser angeblich so kühle und spröde Heinemann konnte die Herzen der Menschen bewegen wie kaum jemand anders.

Dabei war Gustav Heinemann alles andere als eine Landesvater-Figur, die auf Beifallsbekundungen mit gleicher Herzlichkeit reagierte. In Situationen, in denen ihm spontane Zuneigung und Sympathie begegneten, wich er manchmal unmerklich zurück. Das Bad in der Menge, das andere wie ein Aufputschmittel genossen, mied er peinlichst. Bei offiziellen Anlässen ging gelegentlich eine Starrheit von ihm aus. Es war, als legte ihm das Amt unsichtbare Fesseln an, denen er sich schließlich fügte.

Die Gefahr, durch sein hohes Amt den Menschen entfremdet und von der Wirklichkeit abgeschottet zu werden, hat Gustav Heinemann von Anfang an gesehen. Sein Widerstand gegen die starren Regeln des Protokolls entsprang zum Teil der Sorge, durch Repräsentationspflichten allzusehr isoliert zu werden. Gerade weil das Amt ihm soviel Zurückhaltung und Begrenzung auferlegte, wurde die Freundschaft zu Brigitte und Helmut Gollwitzer für ihn lebenswichtig. Hier war ein Schleusentor zur Wirklichkeit, das Heinemann so oft und intensiv nutzte, wie seine Verpflichtungen es gerade erlaubten.

Als im Oktober 1969 der Umzug vom Palmenhaus in die renovierte Präsidentenvilla anstand, erkundigte er sich, ob er mit seiner Frau vorübergehend nach Berlin kommen könne. Einige Wochen später vereinbarten Heinemann und Gollwitzer, das Weihnachtsfest gemeinsam zu verbringen. «Von nun an verleben die beiden Ehepaare alle Ferien zusammen, meist im Schwarzwald, mal im Wallis, auch auf Spiekeroog», heißt es in einem Beitrag der Journalistin Carola Stern, die sich verschiedentlich mit dem Leben Heinemanns beschäftigt hat. «Das Zusammensein entspannt. Man spielt bis in die Nacht Skat, lacht viel miteinander, kramt in Erinnerungen meistens an Bischöfe und Synodale, Kirchenbrüder und Kirchentage . . . Der aufgeräumte Gollwitzer sprudelt von Einfällen, schlägt Ausflüge, Kino- und Konzertbesuche vor. Bei schlechtem Wetter liest er aus Romanen vor, von Böll und Grass, Siegfried Lenz und Fontane.»

Das Gespräch sei eine der schönsten Ausdrucksformen dieser Freundschaft, schreibt Carola Stern. «Freimütig bespricht er (Heinemann) mit dem Freunde Themen und Gedankengänge seiner nächsten Reden, Schwerpunkte und Zeichen, die er setzen will. An Gollwitzers Radikalität und seinem jugendlichen Mut zur Utopie mißt er Kompromisse, prüft er seinen Pragmatismus und die eigenen Ziele in der Politik. Am Umgang mit Realpolitikern mangelt es ihm nicht. Er braucht das Korrektiv.»

«Ich war 72 . . .»

Wenn Gustav Heinemann auch manche der ihm auferlegten Repräsentationspflichten nur widerstrebend und ohne sonderliche Begeisterung erledigte, seiner Frau machte das neue Amt, an dem sie ja nicht unwesentlich beteiligt war, rundum Spaß, und alle Welt sah ihr das an. Es war erstaunlich, wie leicht ihr der Rollenwechsel fiel. Aus der Anonymität einer «Hausfrau» – diese Berufsbezeichnung behielt sie auch in der Villa Hammerschmidt bei – rückte sie immerhin von einem Tag auf den anderen an der Seite ihres Mannes ins Rampenlicht der Öffentlichkeit. «Ich war 72 und hatte zum erstenmal einen Beruf. Nach meinem Staatsexamen damals in Marburg habe ich ja gleich geheiratet und sechs Wochen lang an einem

Hilda Heinemann 1969

Seminar Stunden gegeben. Aber sonst nichts. Und so war das für mich ein neuer Beruf, überhaupt ein Beruf.»
Die Scheu vor den Reportern hatte Hilda Heinemann schnell abgelegt. Bald gab sie Interviews mit einer Selbstverständlichkeit, als hätte sie ihr Leben lang nichts anderes getan. Sie wußte, daß Besuche in einer Gastarbeiterunterkunft oder Strafanstalt ohne journalistische Begleitung beinahe sinnlos waren, weil die Öffentlichkeit von dem Zweck dieses Besuches nicht erfuhr. Also behandelte sie die Presse geradezu zuvorkommend, und die Journalisten dankten es ihr mit überschwenglichen Komplimenten. Die Urteile über die «Erste Dame» unterschieden sich kaum: «Sie ist eine unwahrscheinliche Verbindung aus großer Dame, naiver Mütterlichkeit und einer geradezu mädchenhaft bedingungslosen Hingabe an den Mann, dem sie gefolgt ist.»
Zielstrebig entwickelte sie Aktivitäten in einem Umfang, daß ihr Mann gelegentlich von seinem «Staatssekretär ehrenhalber» sprach. Kaffeekränzchen, Modenschauen, Teebesuche oder Bridge lagen ihr nicht sonderlich. Und Schirmherrschaften allein,

etwa über das Müttergenesungswerk und das Kinderhilfswerk Unicef, genügten ihr nicht. In der Sozialarbeit vor Ort wollte sie Akzente setzen und mithelfen, soweit ihre Möglichkeiten es zuließen. Die von ihr geschaffene Hilda-Heinemann-Stiftung setzte sich zum Ziel, Wohnprogramme für geistig Behinderte zu entwerfen, damit diese Menschen aus den zum Teil unwürdigen Verhältnissen in Heimen herausgeholt wurden.
Auch das von konservativer Seite heftig bekämpfte Experiment in der Frauenstrafanstalt Frankfurt-Preungesheim, inhaftierten Müttern ein Zusammensein mit ihren Kindern zu ermöglichen, unterstützte sie demonstrativ. Die Gefangenenhilfsorganisation Amnesty International konnte auf ihre diskrete Hilfe rechnen. Der Umfang ihrer Aktivitäten war bald an den vielen Aktenordnern in ihrem Büro abzulesen, in dem neben ihrer persönlichen Referentin Ruth Bahn-Flessburg noch zwei Sekretärinnen arbeiteten.
Von der ungewöhnlichen Ruhe und Fremdheit, die der Bonner Kolumnist Walter Henkels noch in den Juli-Tagen des Jahres 1969 festgestellt hatte, war nach wenigen Monaten in der Villa Hammerschmidt nichts mehr zu spüren. Die Diskussionsabende und die von Hilda Heinemann organisierten Ausstellungen junger moderner Künstler brachten Leben in die Villa. Maler und Bildhauer, die noch keinen Namen hatten, bekamen die Möglichkeit, im Amtssitz des Bundespräsidenten ihre Arbeiten zu zeigen und so einem größeren Publikum bekannt zu werden. Tausende von Menschen suchten jährlich die Villa Hammerschmidt auf, und wenn Hilda und Gustav Heinemann Zeit hatten, begrüßten sie die Besucher persönlich.
Wie von selbst ergab sich zwischen Hilda und Gustav Heinemann eine Art Arbeitsteilung, wobei der Bundespräsident manchmal überrascht feststellte, wie unkonventionell seine Frau vorging. «So hast du früher aber auch nicht gedacht», sagte er eines Tages, als sie ihm von ihrem Besuch in einem Heim für schwer erziehbare Mädchen und Frauen in Hamburg berichtete. Die Heimbewohner konnten von dem Aufsichtspersonal durch Türspione kontrolliert werden, eine Einrichtung, die Hilda Heinemann als unwürdig und

erniedrigend empfand. Sie empfahl den Frauen, die Spione von innen durch Plakate und Poster zu verdecken. Die Reaktion ihres Mannes auf diesen Ratschlag konnte sie gut verstehen: «Ja, du hast recht, Gustav, aber heute weiß ich besser Bescheid.»
In der langen Beziehung des Ehepaares hat es weder größere Schwierigkeiten noch Krisen gegeben, im Gegensatz zu manchen anderen Politiker-Ehen, die den Belastungen nicht standhielten. Dabei war Hilda Heinemann – äußerlich gesehen – von Anfang an durch ihre Rolle als Mutter und Hausfrau benachteiligt und hätte deswegen sich ihrem Mann gegenüber unterlegen fühlen können. Aber das Gegenteil war der Fall. «Wir haben beide um die Gleichberechtigung gekämpft und sind jeder auf seinem Gebiet Sieger geblieben.» Den Zwang, sich unterordnen zu müssen, hat sie nie verspürt: «Das brauchte ich nicht. Es war mir immer so überzeugend, was er tat, daß ich dann einfach sah: Das war richtig so.»
Daß das Ehepaar auch im hohen Alter noch etwas für einander empfand, konnten Reporter manchmal beobachten, wenn Hilda Heinemann etwa bei einem anstrengenden Empfang die Hand ihres Mannes faßte und sie für einige Sekunden festhielt.

Staatsbesuche

Zu den Aufgaben, die sie von Amts wegen gemeinsam zu erfüllen hatten, gehörten die Staatsbesuche im Ausland. Für Gustav Heinemann bedeuteten sie keine lästigen Pflichtübungen, sondern ci ne Gelegenheit, das durch den Zweiten Weltkrieg belastete Verhältnis zu anderen Staaten zu verbessern und gleichzeitig neues Vertrauen für die Bundesrepublik zu gewinnen. Seine Äußerungen über den Krieg und das Dritte Reich wurden auch und gerade im Ausland aufmerksam verfolgt. Sie erleichterten ihm den Zugang zu den Nachbarn in einem Maße, daß er selber überrascht war.
Sicher war es kein Zufall, daß ihn sein erster Staatsbesuch im November 1969 in die Niederlande führte. Holland war im Mai 1940 von Hitler überfallen worden und hatte unter den Nationalsozialisten schwer gelitten. Heinemann war der erste Bundespräsident,

dessen Besuch die Niederländer akzeptierten. Er selber schätzte die nüchternen und ausgeglichenen Nachbarn, die er aus vielen privaten Besuchen in Holland kannte. Bei seinem offiziellen Aufenthalt als Staatsoberhaupt verbeugte er sich als erstes vor den Opfern der nationalsozialistischen Gewaltherrschaft. An der Gedenkstätte für die während der deutschen Besatzung ermordeten niederländischen Juden in Amsterdam legte er einen Kranz nieder. Nicht nur mit dem, was er sagte, imponierte Heinemann den Niederländern. Auch die völlig unkomplizierte Art seines Auftretens beeindruckte seine Gastgeber. Königin Juliana sowie Prinz Bernhard und das Präsidentenpaar aus der Bundesrepublik waren sich schnell darüber einig, daß sie sich vom strengen Protokoll nicht allzusehr einengen lassen sollten. Mehrfach durchbrachen sie die

Vor dem Staatsbankett mit dem britischen Königspaar im Schloß Windsor am 24. Oktober 1972

höfischen Regeln, um zusätzliche Stunden gemeinsam verbringen zu können. Die spontane Zuneigung und Sympathie überdauerte die Präsidentschaft Heinemanns.
Auch die folgenden Staatsbesuche galten überwiegend Ländern, die unter den Nationalsozialisten gelitten hatten und in denen die Vorbehalte gegenüber dem Nachkriegsdeutschland noch deutlich zu spüren waren: im Juni 1970 Dänemark und Schweden, September 1970 Norwegen. Im August 1971 folgte eine Reise durch drei südamerikanische Staaten: Venezuela, Kolumbien und Ecuador; im Oktober 1972 schließlich der Staatsbesuch in Großbritannien. Diese Reisen verliefen ähnlich erfolgreich wie der Aufenthalt in den Niederlanden, so daß selbst die Kritiker Heinemanns einräumen mußten, daß die Bundesrepublik keinen überzeugenderen Botschafter haben konnte als diesen Bundespräsidenten.

«Eben doch ein Machtwechsel»

Als «ein Stück Machtwechsel» hatte Gustav Heinemann im März 1969 seine Wahl zum Bundespräsidenten bezeichnet. Im Herbst desselben Jahres wurde der Machtwechsel endgültig vollzogen. Am 28. September gewannen SPD und FDP die Bundestagswahl und bildeten mit Willy Brandt als Bundeskanzler und Walter Scheel als Außenminister eine sozialliberale Koalition. Die Bundesrepublik war kein CDU-Staat mehr.
Die neue Regierung setzte sich vor allem ein Ziel: Das belastete Verhältnis zur DDR und zu Osteuropa zu normalisieren. Über den von Bonn zu zahlenden Preis machten sich Brandt und Scheel keine Illusionen: die Anerkennung der seit dem Zweiten Weltkrieg bestehenden Grenzen. Dabei mußte allerdings das diplomatische Meisterstück geleistet werden, die deutsche Frage für den Fall einer späteren Wiedervereinigung offen zu halten.
Mit den gesamtdeutschen Vorstellungen Gustav Heinemanns in den fünfziger Jahren oder mit dem Deutschland-Plan der SPD von 1959 hatte die neue Bonner Ostpolitik kaum noch etwas zu tun.

»Mehr Demokratie wagen« – mit diesem Anspruch trat die neue sozial-liberale Koalition unter Willy Brandt und Walter Scheel an.

Die Chance einer friedlichen Wiedervereinigung des geteilten Deutschlands, wenn sie jemals real bestand, existierte längst nicht mehr. Was blieb, war eine Entspannungspolitik, die den Nachbarn der Bundesrepublik in Osteuropa das Mißtrauen nehmen und den Menschen auf beiden Seiten der Ost-West-Grenze ein geregeltes Nebeneinander ermöglichen sollte.

Für diese von vielen Hoffnungen begleitete Politik erhielt Bundeskanzler Brandt im Herbst 1971 den Friedensnobelpreis, als die Verträge mit der Sowjetunion, Polen und der DDR zwar schon ausgehandelt waren, aber die parlamentarische Zustimmung noch ausstand. Im Gegensatz zur Bevölkerung, die mehrheitlich den Entspannungskurs befürwortete, leistete die CDU/CSU unerbittlichen Widerstand. Sie befürchtete einen «Ausverkauf der nationalen Interessen». Ein eigenes Konzept für eine aktive Ostpolitik besaß die Opposition nicht, auch kein Rezept für die Wiedervereinigung, die sie nach wie vor unablässig forderte.

Die von der CDU/CSU ausgelöste harte Auseinandersetzung um die Ostverträge blieb nicht ohne Folgen für den Zusammenhalt der sozialliberalen Koalition. Einzelne Abgeordnete von SPD und FDP wechselten im Laufe des Jahres 1971 und im Frühjahr 1972 die Fronten, so daß die parlamentarische Basis der Regierung Brandt/Scheel immer schmaler wurde. Im April 1972 fühlte sich der Fraktionsvorsitzende der Union im Bundestag, Rainer Barzel, stark genug für den Versuch, die Bundesregierung durch einen Mißtrauensantrag zu stürzen.

Der Abstimmung über den Mißtrauensantrag ging eine Bonner Krisenwoche voraus, die an Dramatik kaum zu überbieten war. Sie begann am Sonntag, dem 23. April 1972, als in Baden-Württemberg ein neuer Landtag gewählt wurde und der niedersächsische Bauer Wilhelm Helms aus Bissenhausen seine Mitgliedschaft in der FDP-Fraktion aufkündigte. Da noch zwei weitere liberale Abgeordnete auf der Absprungliste standen, schien das Schicksal der Bonner Koalition schon fast besiegelt.

Am Montag formulierte die Opposition ihren Mißtrauensantrag und informierte den Bundespräsidenten. Heinemann empfing am Dienstag den Oppositionsführer, der vor der eigentlichen Entscheidung das Staatsoberhaupt über seinen Schritt informierte. Der Journalist Joachim Braun, der die aufregenden Tage in der Villa Hammerschmidt unmittelbar miterlebte, um die Eindrücke für sein Buch ‹*Der unbequeme Präsident*› zu verwerten, beobachtete das Eintreffen Barzels: «Neun Minuten zu spät fährt er am Bundespräsidialamt vor. Noch trägt sein schwarzer Mercedes 300 eine private Nummer, noch ziert ihn nicht der Stander des Regierungschefs. Barzel ist braungebrannt wie immer, grüßt freundlich jedermann, der ihm in den Weg kommt, und hat Mühe, seine Siegeszuversicht hinter einer würdevollen Miene zu verbergen.» Der Oppositionsführer erläuterte dem Bundespräsidenten, weshalb er Regierungschef werden wolle. Der Ausgang der baden-württembergischen Landtagswahl mit Stimmengewinn für die CDU habe gezeigt, daß die Wähler einen Regierungswechsel wünschten. Außerdem gebe es im Bundestag keine Chance mehr für die Ostver-

träge.
Auf der Tagesordnung des Parlaments stand am Mittwoch (26. April 1972) die Beratung des Kanzler-Etats – für die Opposition gewöhnlich der Anlaß, mit der Regierung abzurechnen. Dieses Mal ging es jedoch nicht nur um die Generalattacke, sondern um Sein oder Nichtsein. Millionen von Menschen verfolgten über Radio oder am Fernsehen eine der spannendsten Debatten des Bundestages. In vielen Betrieben ließen die Beschäftigten einfach die Arbeit ruhen, um den Ausgang des Rededuells zwischen Brandt und Barzel mitzuerleben. Der Kanzler hielt nach Wochen der Niedergeschlagenheit und des Zauderns eine kämpferische Rede, vielleicht seine bis dahin beste Ansprache überhaupt, während der Oppositionsführer mit allerlei Leerformeln und Wortkaskaden zu verdrängen versuchte, daß er die Macht mit ein paar Überläufern erringen wollte.
An diesem Mittwoch entzog sich Bundespräsident Heinemann dem Bonner Drama, in dem er vorerst keine Rolle spielen durfte. Er besuchte die Bundeswehrschule für Innere Führung in Koblenz, wo er die Bonner Szene mit einem einzigen Satz streifte: «In einer aufgeregten Zeit wie dieser sollte jeder seinen Weg in Ruhe weitergehen. So wollen wir es hier halten.»
Die dramatische Entscheidung in Bonn fiel am Donnerstag, dem 27. April 1972. Wieder saßen Millionen an den Fernsehschirmen, um das Auszählen der Stimmen im Bundestag zu verfolgen. Als dann am Ende nicht, wie allgemein angenommen wurde, Rainer Barzel, sondern Willy Brandt als Sieger feststand – an der absoluten Mehrheit von 249 Stimmen fehlten dem Oppositionsführer zwei –, brach auf seiten der Koalition ein Sturm der Begeisterung los. Abgeordnete umarmten sich, und in manchen Gesichtern standen Freudentränen.
Außerhalb des Parlaments war die Reaktion ähnlich: Überall löste sich die Spannung in Jubel auf. Menschen, die sich überhaupt nicht kannten, versicherten sich gegenseitig ihre Erleichterung. In diesem Machtkampf standen die meisten Bundesbürger auf der Seite Brandts. Der unterlegene Barzel war nach Bekanntgabe des

Abstimmungsergebnisses wie gelähmt auf seinem Abgeordneten-Platz sitzen geblieben. Um ihn herum leerten sich die Bänke. Die Bitterkeit der Niederlage und die Einsamkeit des Verlierers ließen sich durch nichts mehr verdecken. Der sonst so wendige und aalglatte Fraktionsvorsitzende unternahm erst gar nicht den Versuch, seine Empfindungen zu verbergen. Gustav Heinemanns Kommentar zum gescheiterten Mißtrauensantrag fiel wie gewohnt kurz und knapp aus: «Es war eben doch ein Machtwechsel.»

Willy Brandt hatte eine wichtige Abstimmung gewonnen, aber die Zukunft seiner Regierung war weiterhin höchst ungewiß. Die Entscheidung über den Einzelhaushalt des Bundeskanzlers am Freitag, 28. April 1972, ergab nämlich, daß sich im Bundestag zwei gleich starke Lager gegenüberstanden. Mit dem Stimmenverhältnis von 247 zu 247 war die befürchtete Patt-Situation da. Jetzt sei die «Stunde des Bundespräsidenten» gekommen, glaubten manche. Aber das Grundgesetz erlaubte Heinemann keineswegs, als Makler zwischen den Fronten zu vermitteln, um die Krise zu überwinden. Der einzige Ausweg aus der verfassungsrechtlich schwierigen Situation hieß Neuwahlen, aber dieser Weg konnte nur einvernehmlich zwischen Regierung und Opposition angesteuert werden.

Deshalb ersuchten führende Koalitionspolitiker noch am Freitag, dem 28. April, die CDU/CSU um ein Gespräch. In einer mehrstündigen Unterredung gab Oppositionsführer Barzel zu verstehen, daß Teile der CDU unter bestimmten Voraussetzungen bereit seien, den Ostverträgen zuzustimmen und den Weg für Neuwahlen freizumachen. In den folgenden Wochen einigten sich beide Seiten auf eine Erklärung, die den Abkommen mit Moskau und Warschau vorangestellt wurde, so daß das Vertragswerk schließlich vom Parlament angenommen wurde.

Nachdem diese Hürde genommen war, vergingen wieder Wochen und Monate, bis im Spätsommer 1972 endlich eine Verständigung über die Auflösung des Parlaments erzielt wurde. Die eigentliche Schwierigkeit bestand darin, daß Bundeskanzler Brandt die Vertrauensfrage stellen mußte – in der Erwartung, sie werde negativ

beantwortet. Außerdem mußte die CDU/CSU auf die ihr zustehende rechtliche Möglichkeit verzichten, durch einen weiteren Mißtrauensantrag einen neuen Regierungschef zu wählen. Anders war die Patt-Situation nicht zu lösen. Der Beitrag des Bundespräsidenten bei der Überwindung der Krise beschränkte sich bis zuletzt auf eine Art Hilfestellung. Es ist verständlich, daß die Opposition argwöhnisch jeden Schritt, jede Äußerung Heinemanns beobachtete. Aber der Präsident lieferte niemandem einen Vorwand, an seiner Unparteilichkeit zu zweifeln.
Bei der Parlamentsneuwahl selbst im November 1972 erreichten die Sozialdemokraten den bis dahin größten Erfolg. Sie stellten die stärkste Fraktion im Bundestag und verfügten zusammen mit den Freien Demokraten über eine Mehrheit von 50 Mandaten – ein Vorsprung, der alle Erwartungen übertraf und den im März 1969 begonnenen Machtwechsel vollendete.

Unbequeme Reden

Die Krisenmonate des Frühjahrs und Sommers 1972 ließen die Ohnmacht des Bundespräsidenten immer wieder deutlich werden. Heinemann, der nur zu gern eine aktive Rolle übernommen hätte, mußte in tagespolitischen Dingen strikte Neutralität üben. Allerdings durfte er sich in den Grundfragen der Gesellschaft äußern und Stellung beziehen, und häufiger als seine Vorgänger Lübke und Heuss nutzte er diese Möglichkeit. Die Reden seiner fünf Präsidentenjahre sind erstaunliche Dokumente einer fast jugendlichen Bereitschaft, Tabus anzufassen und die reichlich träge gewordene Nachkriegsgesellschaft wachzurütteln. Wer diese Reden heute nachliest, wundert sich nicht mehr, daß selbst seine sozialdemokratischen Parteifreunde gelegentlich zurückschreckten und irritiert fragten, wie weit der Bundespräsident denn noch gehen wolle. Heinemann war tatsächlich ein «unbequemer Präsident». Die vom Großvater, dem Dachdeckermeister Gustav Walter, übernommene «48er Gesinnung» trieb ihn, den Deutschen immer wieder den Spiegel vorzuhalten und sie mit unangenehmen Wahrheiten zu konfrontieren.

GUSTAV HEINEMANN

Ansprache aus Anlaß der Eröffnung der Erinnerungsstätte in Rastatt, 26. Juni 1974

In unserer geschichtsmüden Zeit ein historisches Museum zu schaffen, ist ein Unterfangen, das der Begründung bedarf. Hier und heute diese Erinnerungsstätte für Freiheitsbewegungen in unserer Geschichte eröffnen zu können, war für mich ein Ziel, um das ich mich während meiner ganzen Amtszeit bemüht habe.

Als ich vor fast fünf Jahren erstmals als Bundespräsident ins Land Baden-Württemberg kam, habe ich auf die Vorgänge von 1848/49 hingewiesen. Ich regte zum Nachdenken darüber an, wie derlei Begebenheiten in unserer Geschichte deutlicher und zeitgemäßer dargestellt werden könnten. Ein Jahr später bin ich hier in Rastatt gewesen, gewiß auch aus Gründen meiner Familiengeschichte, vor allem aber um zu erkunden, wie sich an diesem Ort Geschichte bewußt machen lasse. Es spannt sich also ein Bogen von meinem Antritts- zu meinem Abschiedsbesuch in diesem Lande ...

Hier in Rastatt begann die badische Mairevolution von 1849, übrigens unter wesentlicher Beteiligung des Militärs, so daß sich die Nachbarschaft des Wehrgeschichtlichen Museums nützlich einfügt. Hier fand heute vor 125 Jahren zwischen dem Kehler und dem Ottersdorfer Tore die große Heerschau der Revolutionsarmee unter dem Oberbefehl des polnischen Generals Mieroslawski statt. Hier endete die Reichsverfassungskampagne mit der Übergabe der Festung Rastatt am 23. Juli 1849, und in diesem Saale, in dem wir jetzt versammelt sind, tagte danach das Standgericht und fällte seine harten Urteile. Neunzehn Revolutionäre wurden allein hier zum Tode verurteilt und hingerichtet, viele weitere an anderen Orten, Hunderte auf Jahre in die Gefängnisse geworfen. So hat Rastatt einen hohen Erinnerungswert in der Geschichte der deutschen Freiheitsbewegungen. Aber auch der Zeitpunkt bietet sinnvolle Bezüge. Die Ereignisse, von denen ich sprach, jähren sich in diesen Wochen zum 125. Male.

Es war das Jahr 1849, in dem die Nationalversammlung in der Frankfurter Paulskirche eine Reichsverfassung verabschiedete. Sie war die erste demokratische Verfassung Deutschlands. Sie ist die einzige, die von einer Volksbewegung mit Waffen verteidigt wurde. Für sie haben insonderheit hier in Rastatt Männer und sogar Frauen gekämpft, geblutet und ihr Leben gelassen.

1974 ist aber auch das Jahr, in dem wir des 25. Jahrestages der Verkündung des Grundgesetzes und der Begründung der Bundesrepublik Deutschland gedenken. Wir erinnern uns darüber hinaus daran, daß vor 55 Jahren die Weimarer Verfassung in Kraft trat – lauter Meilensteine auf dem Wege zu unserer freiheitlichen Demokratie.

1899 wurde hier in Rastatt jener Gedenkstein für die fünfzig Jahre zuvor standrechtlich erschossenen Freiheitskämpfer errichtet, der noch heute auf dem Alten Friedhof steht, gewidmet, wie die Inschrift lautet, »von Sozialdemokraten und Demokraten aus Deutschland und Amerika«. Und zur Jahrhundertfeier 1949 gab die Stadt Rastatt eine Schrift heraus, in der unter den Opfern der Volkserhebung auch mein Familienglied Carl Walter aus Elberfeld verzeichnet ist. Die Jahre und die Erinnerungen laufen heute in der Errichtung dieser Erinnerungsstätte für die Freiheitsbewegungen in der deutschen Geschichte sinnvoll zusammen.

Man sagt gelegentlich, und ich habe es auch getan, die Geschichte werde vom Sieger geschrieben. Wahr daran ist, daß die deutsche Erhebung von 1848/49 wie so manche andere Freiheitsbewegung niedergeschlagen wurde, und wahr ist auch, daß sich die Sieger mit den Fürstenkronen und ihre Diener nach Kräften darum bemüht haben, das Bild der Erinnerung daran bis in die Geschichtsschulbücher hinein zu schmähen, zu verdunkeln, ja nach Möglichkeit ganz zu tilgen. Genau dies hat meine Bemühungen um ein ausgeglichenes Geschichtsbild angetrieben.

Doch wer ist nun Sieger und wer Besiegter? Diese Frage stellt sich zumal in dieser Stadt und in diesem Schloß, im 125. Jahr der deutschen Revolution und im 25. der zweiten deutschen Republik: Sind wirklich jene die Sieger, die damals die deutsche Einheit verhindert und die demokratischen Freiheitsrechte niedergeschossen haben? Haben nicht sie letztlich unser Land in die Schande und in schreckliche Zusammenbrüche geführt? Sind nicht am Ende doch sie die Verlierer und Sieger jene, die einst für das kämpften, was wir heute unsere freiheitlich-demokratische Grundordnung nennen? ...

Der Bundespräsident ist nicht der Geschichtslehrer der Nation. Mir geht es darum, bestimmte Bewegungen in unserer Geschichte, die unsere heutige Demokratie vorbereitet haben, aus der Verdrängung hervorzuholen und mit unserer Gegenwart zu verknüpfen.

Um es positiv auszudrücken: Mir liegt daran, bewußt zu machen, daß unsere heutige Verfassung durchaus eigenständige Wurzeln hat und nicht nur eine Auflage der Sieger von 1945 ist. Andere Nationen tun sich da leichter. Wir haben Umbrüche und Zusammenbrüche in solcher Häufigkeit erlebt, daß es manchem von uns am Ende ratsam erschien, aus der Geschichte überhaupt auszusteigen und nur noch dem Tage zu leben. Wir haben zumal seit dem letzten großen Zusammenbruch im Jahre 1945 so lange in einem Zustand bewußt gepflegter Vorläufigkeit verharrt und aus mancherlei guten Gründen verharren müssen, daß geschichtliche Besinnung nur schwer durchgreifen konnte.

Gerade die letzten Jahre aber haben uns in den Boden der neuen Tatsachen eingewurzelt. Wie lange wir uns auch gesträubt haben – schließlich mußten wir die schmerzliche Erkenntnis doch vollziehen, daß wir den frevelhaft begonnenen Zweiten Weltkrieg restlos verloren haben. Wir haben unser Verhältnis auch zu den östlichen Nachbarn bereinigt, denen wir ihr Land nehmen wollten und die statt dessen unser Land nahmen. Wir haben zur Kenntnis genommen, daß für eine unbestimmte Zeit, deren Ende Gott allein kennt, zwei Staaten in Deutschland bestehen.

Wir mögen das leider nun einmal Gewordene nicht gern anerkannt haben. Es ist das geschichtliche Verdienst unserer Politik in den letzten Jahren, daß sie uns in dieser Welt wieder einen festen Platz errungen hat. Ob wir uns dessen bewußt sind oder nicht, damit ist eine neue Tradition begründet. Sie hat uns geholfen,

Ämterwechsel und Machtwechsel ohne krisenhafte Erschütterungen zu vollziehen, wie es das Lebensgesetz einer Demokratie befiehlt. Wir sind, wenn auch lange widerwillig, ein Staat im vollen Sinne geworden.
Das aber gibt uns auch unseren Platz in der Geschichte zurück. Wir können ihr nicht entfliehen. Wir dürfen aus ihr nichts ausklammern, auch nicht das Widrige, nicht das Widerwärtige, nicht einmal das Verbrecherische. Wir müssen auch dem, was uns und anderen geschadet hat, den Platz anweisen, der ihm zukommt. Wir dürfen aber auch das, was uns genutzt und vorangebracht hat, hervorheben und in Ehren halten. Gerade das macht ja nationales Bewußtsein aus, daß es den Zusammenhang der Geschichte gelten läßt und nicht nur sogenannte Höhepunkte feiert.
Genau das ist nach meinem Verständnis die Aufgabe dieser Erinnerungsstätte. Die Verfassungsväter des Parlamentarischen Rates bewiesen geschichtlichen Sinn. Sie richteten sich in Zustimmung und Ablehnung an die Weimarer Verfassung von 1919 aus und übernahmen eine Reihe von Artikeln aus ihr. Sie griffen aber auch auf die Paulskirchen-Verfassung von 1849 zurück. Wer die Texte aufmerksam vergleicht, entdeckt manche Übereinstimmung bis in den Wortlaut hinein. Hier besteht Überlieferung im wörtlichen Sinne, Geschichte wird wirksam in der Gegenwart. In einem umfassenderen Sinne aber reicht Überlieferung hinter 1848/49 zurück. Freiheitlich-demokratische und rechtsstaatliche Sozialordnung war ein alter Traum auch in unserem Land.
Unsere Geschichte ist nicht so arm an Freiheitsbewegungen, wie wir und andere uns oftmals einreden wollen. Ich erinnere in diesem Zusammenhang an die Stedinger Bauern im 13. Jahrhundert oder an die Salpeterer in der ersten Hälfte des 18. Jahrhunderts. Das sind nur Beispiele. Es gibt ihrer viel mehr, und ich wünschte, sie würden zumal in unseren Schulen aus alten Quellen und Chroniken gerade im jeweils örtlichen Bereich ans Licht gehoben. Auch Geschichtspflege beginnt vor der eigenen Tür ...
Die Geschichte der deutschen Freiheitsbewegungen bleibt dennoch großartig genug. Ihre Proklamationen und zumal die Grundrechte-Erklärung der Frankfurter Verfassung können sich mit den klassischen Freiheitsforderungen anderer Völker durchaus messen. Vielleicht hat sie nicht deren mitreißende Sprache. Aber wie schön klingen doch in aller Biederkeit Sätze wie dieser aus den Beschlüssen der Offenburger Landesversammlung vom 13. Mai 1849: »Die deutschen Stämme haben die Verpflichtung, sich gegenseitig die Freiheit zu gewährleisten, um den Grundsatz der Volkssouveränität vollkommen durchzuführen.«
Hinter solcher Sprache stand die Volksmacht jener badischen Mairevolution, die für ganz Deutschland die demokratische Verfassung erhalten und notfalls erkämpfen wollte. Das war nicht die Sache weniger. Es war eine wahrhaftige Volksbewegung. Baden hatte damals rund 1,4 Millionen Einwohner. Von ihnen gingen nach dem Sieg der Gegenrevolution und nach dem Ende in Rastatt nicht weniger als 80 000 außer Landes. Das waren mehr als fünf von Hundert, die die Freiheit in der Fremde wählten. Fast jeder achtzehnte verließ die Heimat, weil Verfassung und Freiheit unterdrückt wurden ...
In der DDR pflegt man bewußt revolutionäre Überlieferungen. Manches Buch und manche Veranstaltung sind ihnen gewidmet. Sie werden aber in Entwicklungsstufen zum kommunistischen Zwangsstaat verfremdet. Unerträglich ist es, daß wir dem durch eigene Untätigkeit Vorschub leisten und uns so einen Teil unserer Geschichte entwenden lassen.

Wir stehen mit dem anderen deutschen Staat im Wettbewerb um die bessere Ordnung der öffentlichen Dinge, der Freiheit und der Gerechtigkeit. Dazu gehört auch die Frage, wer sich mit mehr Recht auf die Freiheitsbewegungen in der deutschen Geschichte berufen kann, und wer ihre Ziele besser verwirklicht hat oder verwirklichen wird.
Freilich, wer sich auf etwas berufen will, der muß es kennen. Dem dient diese Erinnerungsstätte. Sie dient allen Deutschen, weil deutsche Geschichte uns allen gleichermaßen gehört. Unser Land mag teilbar sein – unsere Geschichte ist es nicht. Wenn aber Geschichte allen gehört, dann muß sie auch allen zugänglich sein.
Das soll hier ermöglicht werden ...

Daß gerade er, der ehemalige Industrielle, der Rechtsanwalt und gläubige Christ, Freiheitsbewegungen der deutschen Geschichte, gewalttätige Aufstände und blutig verlaufene Revolutionen als «vorbildlich» hinstellte, konnten nur wenige begreifen. Sein Freund Helmut Gollwitzer hat es mit einem einfachen Satz erklärt: «Er verlor nie die Fähigkeit, die Welt von unten her anzuschauen.» Von unten – das war die Sicht der kleinen Leute, der Bauern und Arbeiter, die sich im Laufe der Geschichte ihre Rechte oft mit Gewalt erkämpfen mußten. Gollwitzer: «Er sah die Welt nicht als Aufsteiger, der das Unten vergessen hat. Er hatte keinerlei Antipathie gegen Aufstandsbewegungen, gegen Aufruhr von unten. Erst wenn die Leute zu den Waffen griffen, hatte er Respekt vor ihnen. Da war er gar nicht Pazifist.»
Diese Einstellung veranlaßte Gustav Heinemann nicht etwa, Sympathie mit den Terroristen der siebziger Jahre zu empfinden. Das Gegenteil war der Fall, wenngleich er die Ursachen des politischen Terrors besser verstand als die meisten anderen Politiker. Den Mordanschlag auf die Olympischen Sommerspiele im September 1972 in München, bei dem arabische Terroristen israelische Geiseln kaltblütig töteten, nannte er ein «ruchloses Verbrechen» und fügte gleichzeitig hinzu, die Verantwortung trage nicht nur eine verbrecherische Organisation, sondern auch jene Länder, die «diese Menschen nicht an ihrem Tun hindern».

Dem Bundespräsidenten ging es nicht um die Verherrlichung von Gewalt, sondern um die Wurzeln des freiheitlich-demokratischen Rechtsstaates. Nach Heinemanns Überzeugung enthielt die Geschichte Deutschlands neben fatalen Irrtümern und Fehlentwicklungen auch Strömungen, mit denen sich die Bundesbürger identifizieren konnten. Auf diesen Teil der Vergangenheit hat er bei vielen Gelegenheiten hingewiesen. Als er zum Beispiel am 3. November 1969 dem Land Baden-Württemberg seinen Antrittsbesuch als neues Staatsoberhaupt abstattete, erinnerte er in einer Rede vor dem Landtag in Stuttgart an den «Armen Konrad», einen Bauernbund aus dem 15. Jahrhundert, der nach seinen Worten nicht nur eine soziale Bewegung gewesen ist, sondern auch die Forderung nach Mitbestimmung hat anklingen lassen. Seinen Gastgebern, der CDU-Landesregierung unter Ministerpräsident Hans Filbinger, legte er nahe, solche Phasen der Geschichte doch etwas zeitgemäßer darzustellen.

Noch deutlicher wurde Heinemann, als er einige Monate später, am 13. Februar 1970, an der traditionellen Schaffermahlzeit im Bremer Rathaus teilnahm. Bei dieser Gelegenheit sprach er sich dafür aus, die Geschichtsbücher neu zu schreiben, denn: «Einer demokratischen Gesellschaft steht es schlecht zu Gesicht, wenn sie auch heute noch in aufständischen Bauern nichts anderes als meuternde Rotten sieht, die von der Obrigkeit schnell gezähmt und in Schranken verwiesen wurden. So haben die Sieger die Geschichte geschrieben. Es ist Zeit, daß ein freiheitlich-demokratisches Deutschland unsere Geschichte bis in die Schulbücher hinein anders schreibt.»

Für diese Ansprache bekam Heinemann noch Beifall von allen Seiten. In der konservativen Zeitung ‹*Christ und Welt / Deutsche Zeitung*› hieß es am 27. Februar 1970 zum Beispiel, es sei das Verdienst des Bundespräsidenten, in unkonventioneller, ja herausfordernder Form an eine offene Wunde gerührt zu haben, nämlich das mangelnde Geschichtsverständnis der Deutschen. Es sei selten geworden, schrieb das Blatt weiter, daß Staatsmänner und Politiker sich auch um den seelischen Haushalt des Volkes und nicht nur

um seinen materiellen kümmerten.
Die Zustimmung von rechts blieb jedoch aus, als Heinemann knapp ein Jahr später, am 17. Januar 1971, in einer von Rundfunk und Fernsehen übertragenen Rede zum 100. Jahrestag der Reichsgründung ein deutsches Denkmal zurechtrückte. Am 18. Januar 1871 wurde im Spiegelsaal zu Versailles nahe bei Paris der König von Preußen zum deutschen Kaiser ausgerufen – ein Datum, das allgemein als der Geburtstag des Deutschen Reiches angesehen wird. Vorausgegangen war der Deutsch-Französische Krieg, der mit der Niederlage Frankreichs endete. In seiner Gedenkrede erklärte der Bundespräsident, dic Reichsgründung habe ohne Mitwirkung der demokratischen Kräfte stattgefunden. Reichskanzler Otto von Bismarck sei in «einer bedenklichen Vereinfachung» als «Schöpfer der Einheit mit Blut und Eisen» in Schulen und durch Denkmäler verherrlicht worden. Die Reichsgründung – so folgerte der Bundespräsident – habe das deutsche Nationalbewußtsein einseitig an die monarchistisch-konservativen Kräfte gebunden. «Hundert Jahre Deutsches Reich – das heißt eben nicht *einmal* Versailles, sondern zweimal Versailles, 1871 und 1919, und dies heißt auch Auschwitz, Stalingrad und bedingungslose Kapitulation von 1945.»
Die konservative Londoner Zeitung *‹Times›* hielt die Rede für so wichtig, daß sie den Text in englischer Fassung einige Wochen später nachdruckte. In der Bundesrepublik konnte eine solch bittere Geschichtslektion nicht unwidersprochen bleiben. Im *‹Bayern-Kurier›*, dem Organ der CSU, nahm dessen Herausgeber, der CSU-Vorsitzende Franz Josef Strauß, persönlich dazu Stellung. «Wer historische Tatbestände, die nicht in ein vorgegebenes Bild passen, unbekümmert unter den Teppich kehrt und die Geschichte nachträglich über einen gesellschaftskritischen Leisten schlägt, hat entweder kein Verhältnis zur Geschichte, oder er hat Grund dazu, Fakten, die ihm nicht schmecken, zu übergehen.»
Ähnlich wie Strauß und der *‹Bayern-Kurier›* reagierten Zeitungen wie *‹Die Welt›*. Eine Leserin aus Stuttgart, Herta Götz, dankte in einem Leserbrief einige Tage später dafür, daß die Zeitung «Hei-

nemanns unerträglich gouvernantenhafte und ideologisch völlig verblendete Darstellung des Bismarckreichs» kritisiert und zurückgewiesen habe.

Als Bundespräsident legte Gustav Heinemann einen Kranz am Ehrenmal der Atombombenopfer in Hiroshima (Japan) nieder.

Attentatsversuche

Die Kritik an Heinemann äußerte sich keineswegs nur in Leserbriefen und Kommentaren. In der Post, die täglich im Bundespräsidialamt einging, fanden sich mehr und mehr Schimpf- und Drohbriefe. Die rechtsradikale «Aktion Widerstand», ein Ableger der National-Demokratischen Partei (NPD), schickte ihm sogar ein «Todesurteil» ins Haus.
Daß ein Teil dieser Drohungen durchaus ernst gemeint war, zeigte sich am Gründonnerstag vor Ostern 1971. Am Abend dieses Tages nahm die Polizei im Park der Villa Hammerschmidt den zwanzigjährigen Gärtner und Hausmeister Carsten Eggert aus Hamburg fest, der ein Messer mit feststehender Klinge bei sich trug und zu-

gab, er habe damit den Bundespräsidenten töten wollen. Dieser hielt sich zu einem Osterurlaub in Hotzenwald im südlichen Schwarzwald auf, als ihn die Nachricht von dem Attentatsversuch erreichte. Der vielfach geäußerten Ansicht, es habe sich um einen Psychopathen gehandelt, den man nicht weiter ernst zu nehmen brauche, mochte Heinemann sich nicht anschließen. Nach Bonn zurückgekehrt, sagte er: «Ich nehme das mißglückte Attentat nicht deshalb so ernst, weil ich um mein Leben oder meine Gesundheit besorgt wäre, sondern weil ich sehe, daß hier eine Saat der Gewalt aufgeht, für die durch Appelle an Emotionen und Vorurteile ein günstiger Nährboden geschaffen wird. Nichts anderes ist es, wenn immer wieder von ‹Landesverrat› oder von ‹Verschenken deutscher Gebiete› gesprochen wird.» (*‹Die Welt›*, 15. 4. 1971)
Der Bundespräsident sprach weiter vom «Ertrag monatelanger Hetze», und das war keine Übertreibung. Denn die Umtriebe vor allem rechtsextremer Gruppen in der Bundesrepublik nahmen schon damals bedrohliche Formen an. Sie konnten – meistens unbehelligt von der Polizei – ihre gespenstischen Fackelzüge veranstalten, Flugblätter mit rechtsradikalen Parolen unter das Volk bringen und in Sprechchören «Brandt an die Wand» rufen.
Zweieinhalb Jahre nach der Festnahme im Park der Villa Hammerschmidt passierte etwas, das erneut die Frage nach dem Schutz des Präsidenten aufkommen ließ. Während eines Vortrages vor dem Bundesverband junger Unternehmer am 19. Oktober 1973 in Augsburg stürzte sich plötzlich der 54jährige Angestellte Günther Görlitz auf Heinemann und schlug ihm mit der Faust ins Gesicht. Dieser war so überrascht, daß er taumelte und zu Boden fiel. In wenigen Sekunden konnte der Angreifer von Polizisten überwältigt werden. Er trug ebenfalls ein langes feststehendes Messer bei sich, von dem er – wie Görlitz versicherte – auch Gebrauch gemacht hätte, wenn es ihm möglich gewesen wäre. Bei ihm handelte es sich allerdings tatsächlich mehr um einen Psychopathen als um einen politisch angestachelten Gewalttäter. Gustav Heinemann hatte sich bald wieder gefaßt. Er zündete sich eine Zigarette an und meinte: «Der Mann tut mir leid.»

Leiser Abschied von Bonn

Abgesehen von einigen wenigen Ereignissen – dazu gehörte der höchst unfreundliche Empfang Heinemanns für den südvietnamesischen Staatschef van Thieu im April 1973, den er mit dem Satz begrüßte: «Sie haben gewünscht, in Bonn empfangen zu werden. Was gibt's?» – wurde es in der zweiten Hälfte der Präsidentschaft etwas stiller um Heinemann. Schlagzeilen über ihn erschienen nicht mehr so häufig, und gelegentlich stand in den Zeitungen zu lesen, das Staatsoberhaupt sei amtsmüde geworden. Daran war nur so viel richtig, daß die vielen Verpflichtungen an seinen Kräften zehrten. Aber – abgesehen von einigen wenigen repräsentativen Verpflichtungen – widerwillig oder gar lustlos erfüllte Heinemann seine Aufgaben nicht. Vielmehr hatten sich die Bundesbürger an ihr Staatsoberhaupt gewöhnt. Schließlich war es keine Sensation mehr, wenn Heinemann sich zum Beispiel lobend über die Bürgerinitiativen äußerte, die überall entstanden, und sie als Ausdruck politischer Mündigkeit bewertete.

Die einfachen Menschen sollten ihn verstehen, darauf kam es dem Bundespräsidenten an. Daß viele ihn nicht nur verstanden, sondern auch als Menschen mochten, dafür gab es immer wieder eindrucksvolle Zeugnisse. Als Heinemann im September 1973 Gast des «Klubs der Berliner Trümmerfrauen» war, erklärte deren Sprecherin, die 73jährige Anni Mittelstädt – eine von über 40000 Frauen, die nach Kriegsende die Straßen von den Trümmerbergen räumten – an den Bundespräsidenten gewandt: «Sie sind ein Mann, den man gern haben muß. Viele Berliner lieben Sie sogar.»

Der Bürgerpräsident, den Anni Mittelstädt mit dem Herzen beschrieb, hatte noch andere Bezeichnungen: Minderheitenpräsident, Ombudsman der Nation oder gar «Funktionsnachfolger eines republikanisch gedachten Staatskönigs» – so der Publizist Johannes Gross. Im Herbst des Jahres 1973 begann die öffentliche Diskussion darüber, ob dieser Präsident noch für eine zweite Amtsperiode zur Verfügung stehen würde. Sozialdemokraten und Freie Demokraten befürworteten eine Wiederwahl vorbehaltlos

und mit Nachdruck. Heinemann selber zögerte eine Zeitlang, doch dann stand sein Entschluß fest. Am 14. November 1973 verschickte er gleichlautende Schreiben an die Vorsitzenden der vier im Bundestag vertretenen Parteien. Darin begründete er seinen Verzicht auf eine zweite Kandidatur.
Ohne dramatische Geste, mit einigen wenigen Sätzen erklärte der Bundespräsident den Bürgern in einer Fernsehansprache, weshalb er das Amt des Staatsoberhaupts nicht länger ausüben wollte. «Ich werde im nächsten Jahr, so Gott will und ich lebe, 75 Jahre alt. Bei einer Wiederwahl stellt die Verfassung den Bundespräsidenten erneut in eine Amtszeit von fünf Jahren. Es ist ausgeschlossen, daß ich die Anforderungen dieses Amtes bis zum 80. Lebensjahr erfüllen könnte.» Auf die Möglichkeit, sich wählen zu lassen und dann vorzeitig zurücktreten zu können, wollte Heinemann sich auf keinen Fall einlassen. Die Folge wären Unsicherheit und Spekulationen wegen der ungeklärten Nachfolge gewesen. So enttäuschend dieser Entschluß vor allem für die Sozialdemokraten sein mochte, von seiner Richtigkeit waren auch sie schließlich überzeugt.
Leise verließen Gustav und Hilda Heinemann die politische Szene und Bonn, um nach Essen zurückzukehren. Was in den letzten Wochen und Monaten noch an Aufhebens um sie gemacht wurde, konnten sie nicht verhindern: die Ehrenbürgerschaft der Bundeshauptstadt Bonn, der juristische Ehrendoktor einer New Yorker Universität und die Mitgliedschaft im Pen-Club, der Schriftsteller-Vereinigung, die den Autor Heinemann mit offenen Armen empfing, so viel Ansehen genoß er bei ihnen. Am 30. Juni 1974 formulierte der bekannteste Schriftsteller der Bundesrepublik, Heinrich Böll, in der *‹Süddeutschen Zeitung›* einige Zeilen zum Abschied. Böll nannte Heinemann einen «Radikalen im öffentlichen Dienst»: «Es ist nicht nur ein Scherz, wenn ich sage: Wieder ein Radikaler im öffentlichen Dienst weniger; denn was haben Sie anderes getan, als das deutsche Geschichtsverständnis, das deutsche Bewußtsein, deutsche Selbstgefälligkeit, wie sie gelegentlich auftritt, bis an die Wurzeln bloßzulegen . . .?»
In der Abschiedsrede vor dem Bundestag an diesem 30. Juni 1974

ging Heinemann noch einmal auf die Bereiche ein, die ihn seit Jahrzehnten beschäftigten: Das Unheil des Nationalsozialismus, die Judenvernichtung, der Untertanengeist der Deutschen und das Schicksal der Randgruppen in der Gesellschaft. Gleichzeitig richtete er den Blick in die Zukunft und warnte eindringlich vor Reformmüdigkeit: «In einer so schnell sich verändernden Welt kann nur bewahren, wer zu verändern bereit ist.»
Heinemanns Abtritt von der politischen Bühne bedeutete das frühe Ende einer Aufbruchphase, die mit dem Willen zur längst überfälligen gesellschaftlichen Erneuerung und dem Mut zur Utopie begonnen hatte. Vor ihm hatte im Frühjahr 1974 Willy Brandt den Kanzlerstuhl wegen der Spionageaffäre Guillaume und wegen Meinungsverschiedenheiten mit dem SPD-Fraktionsvorsitzenden im Bundestag, Wehner, geräumt. Der Appell Heinemanns, die Bereitschaft zur Veränderung der Gesellschaft nicht aufzugeben, richtete sich nicht zuletzt an den neuen Bundeskanzler Helmut Schmidt, der vom Reformkurs bald abkam und nur noch eine pragmatische Linie verfolgte.
Die Präsidentschaft Gustav Heinemanns ging mit einer heiteren Note zu Ende. An Bord des Fahrgastschiffes «Drachenfels» unternahmen er und seine Frau zusammen mit dem neuen Präsidentenpaar Mildred und Walter Scheel sowie etwa 1000 Gästen eine fünfstündige Rheinfahrt. Die Dampfer-Tour wurde eine etwas zu groß geratene Familienfeier, der auch ein Dauerregen nichts anhaben konnte. Gegen Mitternacht ging Gustav Heinemann als einfacher Bürger von Bord. Eine schwere Last lag hinter ihm, vor ihm lagen die letzten Monate seines Lebens.

Der politische Privatmann

Befreit von der Bürde des hohen Staatsamtes, überlegte Heinemann sogar, ob er nicht wieder für seine Partei aktiv werden könne. Zunächst dachte er an eine Unterstützung der Berliner SPD bei der Bürgerschaftswahl im März 1975. Aber von solchen Gedanken ließ er bald wieder ab, nicht zuletzt aus Rücksicht auf seine Gesundheit. Altersbedingte Durchblutungsstörungen machten ihm seit längerem zu schaffen.

Dennoch sorgte Heinemann auch nach seiner Präsidentenzeit für heilsame Unruhe, und zwar dort, wo inzwischen der empfindlichste Nerv der Bundesrepublik lag, beim Terrorismus. Ende November/Anfang Dezember 1974 bestanden in der Öffentlichkeit zunehmende Befürchtungen, daß nach dem Tod von Holger Meins weitere Baader-Meinhof-Häftlinge durch ihren Hungerstreik sterben könnten. Wenn überhaupt jemand die Häftlinge von ihrer lebensbedrohenden Streikaktion abbringen konnte, dann nur solche Persönlichkeiten, die bereit gewesen waren, über die Ursachen politisch motivierter Gewaltkriminalität nachzudenken. Gustav Heinemann gehörte dazu. Unter dem Datum 11. Dezember 1974 schickte er Ulrike Meinhof, die in der speziell für mutmaßliche Terroristen eingerichteten Justizvollzugsanstalt Stuttgart-Stammheim einsaß, einen Brief, der mit der Anrede «Sehr geehrte Frau Meinhof!» begann.

Die Antwort aus Stuttgart-Stammheim traf einige Tage später ein. Ulrike Meinhof hielt Heinemann entgegen, er gehe von falschen Voraussetzungen aus. Weder die Haftbedingungen seien grundlegend geändert worden, noch habe sich das Ziel des Hungerstreiks geändert. Sie erklärte sich im Namen der übrigen Häftlinge bereit, die Aktion abzubrechen, wenn die «Isolation» der einzelnen Gefangenen aufgegeben werde, beziehungsweise wenn alle in verschiedenen Gefängnissen untergebrachten Häftlinge zusammengelegt würden. Das Antwortschreiben enthielt außerdem den Vorschlag, sie und Andreas Baader in Stuttgart-Stammheim zu besuchen, «wenn Ihnen tatsächlich daran liegt, von noch einigen von uns akute Lebensgefahr und das Wahrscheinliche: Tod – abzuwenden».

Einen Besuch im Gefängnis Stammheim lehnte Heinemann in einem zweiten Brief ab, vermutlich wegen des überwiegend negativen Echos auf das erste Schreiben und der Kritik auch aus der eigenen Partei. Sein Versuch, Menschenleben zu retten und eine Eskalation von Gewalt zu verhindern, ist von vielen nicht verstanden worden. «Merken Sie denn nicht», schrieb ein Pfarrer aus München, «wie diese moralische Aufwertung der Verbrecherbande in allen Volkskreisen höchstes Ärgernis erregen muß?» Eine Zuschrift aus Bochum enthielt den Schlußsatz: «Wann immer wieder jemand von Terroristen ermordet wird, sollen Sie wissen, daß viele denken: Heinemann hat mitgemordet. Mit tiefer Verabscheuung . . .» Es gab auch zustimmende Reaktionen. Eine kam aus Kiel vom ehemaligen schleswig-holsteinischen Ministerpräsidenten Helmut Lemke (CDU), der Heinemann wissen ließ: «Ich finde es richtig, daß Sie diesen Weg versuchen.»

Wenige Wochen vor seinem Tod meldete sich Gustav Heinemann zu einem anderen, ebenfalls brisanten Thema zu Wort, zur Beschäftigung von Radikalen im öffentlichen Dienst. Der sogenannte Radikalen-Erlaß – im Januar 1972 vom damaligen Bundeskanzler Brandt und den Länder-Ministerpräsidenten beschlossen – diente als Grundlage für die massenhafte Überprüfung von Bewerbern für den öffentlichen Dienst durch den Verfassungsschutz. Diese Praxis war immer wieder kritisiert worden, weil sie einerseits zu Rechtsunsicherheit und Duckmäusertum führte, andererseits nicht selten diejenigen an der Ausübung ihres Berufes hinderte, die mit ihrer radikalen Kritik an den gesellschaftlichen Verhältnissen die Verfassung besonders ernst nahmen. An diesem Punkt setzte auch Heinemann an, der am 22. Mai 1976 in der Beilage der Wochenzeitung *‹Das Parlament›* Alarm schlug: «Wenn der radikale Ver-

GUSTAV W. HEINEMANN

43 [illegible] 1, 11. Dezember 1974
xxxxxxxxx
xxxxxxxxxxx
Manteuffelstraße 26

Frau
Ulrike Meinhof
Justizvollzugsanstalt
Stuttgart-Stammheim

7 Stuttgart 40
Asperger Straße 60

Sehr geehrte Frau Meinhof!

Es ist viele Jahre her, daß Sie mich einmal als Anwalt in einer Beleidigungssache in Anspruch nahmen. Heute melde ich mich von mir aus und bitte Sie um Gehör.

Mich erfüllt große Sorge. Sie und einige Ihrer Freunde, die sich am Hungerstreik beteiligen, schweben in Lebensgefahr. Künstliche Ernährung kann natürliche Ernährung nur begrenzt und nur mit Gefährdungen besonderer Art ersetzen. Je länger Sie den Hungerstreik fortführen, um so zwangsläufiger kommen Sie an die Grenze Ihres Lebens. Sie sind sich dessen sicher bewußt.

Die Beschwerden gegen Haftbedingungen, die Sie mit Ihrem Hungerstreik verbunden haben, sind - jedenfalls heute - zum großen Teil gegenstandslos. Etwaige Reste werden geprüft. Es besteht von daher kein Grund mehr, den lebensgefährlichen Hungerstreik auch nur noch einen Tag fortzusetzen.

Wenn Sie sich anders entscheiden, so tun Sie es möglicherweise, um sich durch Verhandlungsunfähigkeit dem Prozeß zu entziehen. Wenn es so wäre, so müssen Sie damit rechnen, daß man gegen Häftlinge, die sich selber verhandlungsunfähig machen, aufgrund einer Änderung des Prozeßrechtes auch ohne deren Beteiligung oder Anwesenheit im Verfahren verhandeln und ein Urteil sprechen wird. Sie haben dann durch Hungerstreik Ihre Gesundheit oder gar Ihr Leben für ein Ziel aufs Spiel gesetzt, das Ihnen durchkreuzt wird.

Wenn Sie aber vielleicht meinen, mit einer Selbstopferung Ihres Lebens politische Wirkungen in Ihrem Sinne außerhalb des Gefängnisses auszulösen, so sind Sie im Irrtum. Sie wollen Schäden in unserer Gesellschaft - was immer Sie darunter verstehen mögen - beseitigen und denen helfen, die unter solchen Schäden leiden. Sie werden es auf Ihrem Wege nicht erreichen. Wohl aber erschweren Sie eindeutig alle Bemühungen derer, die sich auf andere Weise um Besserung bemühen. Geht es Ihnen also wirklich um benachteiligte Menschen hier und anderwärts, so bitte ich Sie, dieses noch einmal ernsthaft zu bedenken.

- 2 -

Der Brief an Ulrike Meinhof. Für viele Anstoß und Ärgernis.

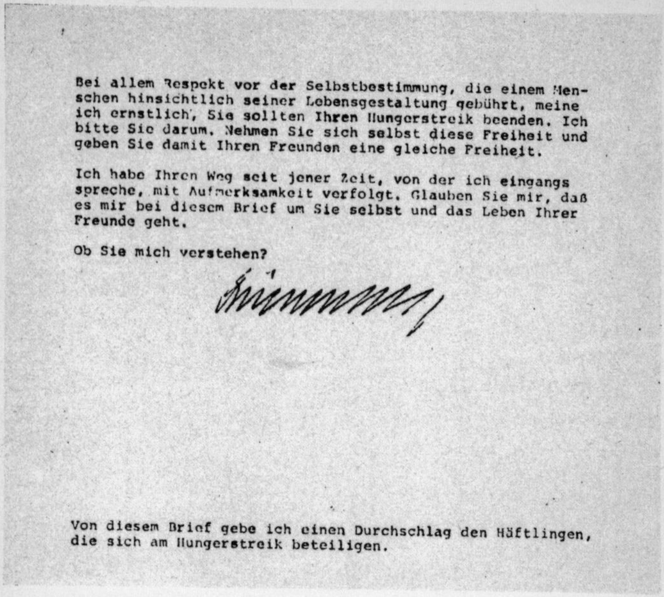

Bei allem Respekt vor der Selbstbestimmung, die einem Menschen hinsichtlich seiner Lebensgestaltung gebührt, meine ich ernstlich, Sie sollten Ihren Hungerstreik beenden. Ich bitte Sie darum. Nehmen Sie sich selbst diese Freiheit und geben Sie damit Ihren Freunden eine gleiche Freiheit.

Ich habe Ihren Weg seit jener Zeit, von der ich eingangs spreche, mit Aufmerksamkeit verfolgt. Glauben Sie mir, daß es mir bei diesem Brief um Sie selbst und das Leben Ihrer Freunde geht.

Ob Sie mich verstehen?

Von diesem Brief gebe ich einen Durchschlag den Häftlingen, die sich am Hungerstreik beteiligen.

fassungsfreund nicht mehr vom Verfassungsfeind unterschieden wird, bleibt ihm oft nur die Wahl zwischen Resignation und Abmarsch ins Lager der wirklichen Feinde einer sich ständig erneuernden und weiterentwickelnden freien und solidarischen Gesellschaft. Kritik, radikale Kritik bedarf des freien Marktes der Meinungen und Gegenmeinungen, um fruchtbar zu bleiben. Dazu gehört auch, daß man sich politisch irren oder gar verirren kann, ohne dafür nach Jahren zur Rechenschaft gezogen zu werden, zumal, wenn inzwischen die Irrtümer eingesehen und überwunden sind.»

Noch vor seinem Erscheinen hatte der Artikel besorgte Anfragen der «Baracke», des SPD-Vorstandes, ausgelöst, ob ähnliche Beiträge Heinemanns noch öfter zu erwarten seien. Kritik am Radikalen-Erlaß bedeutete Kritik auch an der SPD, die sich in den von ihr regierten Bundesländern nur allmählich von der umstrittenen

Überprüfungspraxis zu lösen begann. In der Presse wurde der Artikel Heinemanns fast übergangen. Die Blattmacher entledigten sich dieser lästigen Stimme, indem sie sie gar nicht registrierten. Ein ehemaliges Staatsoberhaupt war eben nicht mehr so wichtig. Nur wenige Zeitungen, darunter die *‹Frankfurter Rundschau›*, brachten Auszüge.

«... und führen, wohin du nicht willst»

Die letzten Wochen seines Lebens verbrachte Gustav Heinemann nicht in Essen, sondern beim Ehepaar Gollwitzer in West-Berlin. Vielleicht wollte er einfach in Ruhe sterben. In Essen war er das ehemalige Staatsoberhaupt, das bei allen möglichen Anlässen gefordert wurde. In Berlin war er Freund, beinahe Familienmitglied. Die Gollwitzers besaßen ein kleines Schwimmbad, das ihm für Bewegungsübungen dienen konnte. Außerdem hatte er in Berlin einen Arzt kennengelernt, mit dem er sich in der Ablehnung künstlicher Lebensverlängerung einig wußte.
Daß ihm nicht mehr viel Zeit blieb, wußte Heinemann seit längerem. Die Ursache der Durchblutungsstörungen hatten ihm die Ärzte nicht verschwiegen. Die Folge der Verkalkung seiner Arterien war ein allmählicher körperlicher Verfall, bei dem sein Geist aber bis in die letzten Tage vollkommen klar blieb. Trotz zunehmender Verschlechterung seines Zustandes klagte er nie. Das einzige, was über seine Lippen kam, war: «Wie soll das nur weitergehen?» Brigitte Gollwitzer: «Er war ein ergreifend dankbarer Patient, der jede Hilfestellung dankbar entgegengenommen und sein Schicksal bis zum Schluß mit seinem Humor getragen hat. Für uns waren es sehr eindrucksvolle Wochen am Schluß dieses Lebens mit ihm zusammen.»
Über den Tod wurde in dieser Zeit nicht oft gesprochen. So kam dieses Thema einmal zur Sprache, als Heinemann die Nachricht gehört hatte, daß Ulrike Meinhof nicht mehr lebte. Heinemann: «Zwei Dinge gibt es dazu zu sagen. Einmal: Sie ist jetzt in Gottes

Hand. Und: Mit allem, was sie getan hat, auch wenn wir es nicht verstehen, hat sie uns gemeint.»

Da er selber nicht mehr die Kraft und die Konzentration besaß, über einen längeren Zeitraum zu lesen, ließ er sich von Brigitte Gollwitzer aus Büchern vorlesen. Eines davon, Helmut Gollwitzers *«... und führen, wohin du nicht willst»*, hörte er sich noch einmal bis zur letzten Seite an. Brigitte Gollwitzer: «Als wir damit fertig waren und überlegten, was wir als nächstes nehmen würden, entschied er sich für die Biographie des Verlegers Ernst Rowohlt. Die hat ihn sehr vergnügt.» Aber die beiden kamen mit der Lektüre nicht zu Ende. Heinemanns Zustand verschlimmerte sich plötzlich so sehr, daß er ins Klinikum nach Essen gebracht werden mußte, wo ihm seine Familie nahe sein konnte. Hilda Heinemann: «Er war gläubig, er wußte, wohin er ging.» Am Abend des 7. Juli 1976 starb Gustav W. Heinemann.

Beim Staatsakt in Bonn zu Ehren des verstorbenen früheren Bundespräsidenten erinnerte am 12. Juli 1976 Bundeskanzler Helmut Schmidt an einige Zeilen, die Gustav Heinemann in den sechziger Jahren aufgeschrieben hatte:

«Wenn ich gestorben bin,
werden sie aufstehn.
Einer wird sagen,
ich sei gegangen.
Sie, – das sind die Gefährten der Arbeit,
Sie, – das sind die Gefährten der Kampfes,
Sie, – das sind die Gefährten des Glaubens.
Sie alle werden sagen,
ich sei nun fortgegangen.
Dann wird ihr Werken weitergehen.
Denn sie haben viel zu tun.»

Gustav Heinemann 1956

Bild- und Quellennachweis

S. 19, 35, 48, 65, 85, 97, 101, 107, 110, 116, 128, 157, 160, 173 und 185: Archiv der sozialen Demokratie der Friedrich-Ebert-Stiftung, Bonn; S. 27: Inter Nationes, Bonn; S. 103: dpa; S. 126: Karl-Heinz Bast, Bonn; S. 138: Gerd Schulthess, St. Ingbert; S. 162: Presse- und Informationsamt der Bundesregierung – Bundesbildstelle, Bonn. Der Verlag dankt Herrn Wilfried Wedde für die freundliche Unterstützung bei der Beschaffung der Fotos.
Die Textauszüge auf den Seiten 144 ff. und 167 ff. stammen aus dem Buch: Gustav W. Heinemann, Reden und Schriften, Band 1: Allen Bürgern verpflichtet, Suhrkamp Verlag, Frankfurt 1975.
Wir danken für die freundliche Abdruckgenehmigung.

Außerdem danken wir für Informationen und Unterstützung: Frau Prof. Uta Ranke-Heinemann und Herrn Edmund Ranke, Essen; Herrn Dr. Diether Posser, Düsseldorf; Herrn Werner Krause, Friedrich-Ebert-Stifung, Bonn; Herrn Prof. Georges Casalis, Paris; Herrn Jürgen Treulieb, Osnabrück; Frau Marianne Friedrich, Essen und Frau Uschi Moon, London. Insbesondere danken wir Herrn Prof. Dr. Helmut Gollwitzer und Frau Brigitte Gollwitzer, Berlin, für ihre freundliche Hilfe und Frau Hilda Heinemann, die am 5. Mai 1979 in Essen verstorben ist, für ihr Interview, das sie dem Autor im November 1978 gegeben hat.

Zum Weiterlesen

Gustav W. Heinemann, Reden und Schriften, Band 1: Allen Bürgern verpflichtet – Reden des Bundespräsidenten 1969–1974, Frankfurt 1975; Band 2: Glaubensfreiheit – Bürgerfreiheit – Reden und Aufsätze zu Kirche – Staat – Gesellschaft 1945–1975, hrsg. von Diether Koch, Frankfurt 1976; Band 3: Für ein demokratisches Deutschland – Aufsätze und Reden 1919–1969, hrsg. von Helmut Lindemann, Frankfurt 1976 (Suhrkamp)
Gustav W. Heinemann, Präsidiale Reden, mit einer Einführung von Theodor Eschenburg, Frankfurt 1975 (Suhrkamp)
Gustav W. Heinemann, Wir müssen Demokraten sein – Tagebuch der Studienjahre 1919–1922, Einleitung: Eberhard Jäckel, hrsg. von Brigitte und Helmut Gollwitzer, München 1980 (Kaiser)
Gustav W. Heinemann, Der Frieden ist der Ernstfall, hrsg. und eingeleitet von Martin Lotz, München 1981 (Kaiser)

Heinrich Böll/Helmut Gollwitzer/Carlo Schmid (Hg.), Anstoß und Ermutigung – Gustav W. Heinemann Bundespräsident, Frankfurt 1974 (Suhrkamp)
Joachim Braun, Der unbequeme Präsident, Karlsruhe 1972 (C. F. Müller)

Diether Koch, Heinemann und die Deutschlandfrage, München 1972 (Kaiser)
Werner Koch, Heinemann im Dritten Reich - Ein Christ lebt für morgen, Wuppertal 1972 (Aussaat)
Helmut Lindemann, Gustav Heinemann - Ein Leben für die Demokratie, München 1979 (Kösel)
Hermann Schreiber/Frank Sommer, Gustav Heinemann, Bundespräsident, mit einem Vorwort von Günter Grass, Frankfurt 1969 (Fischer)

Publikationen der Gustav-Heinemann-Initiative (Radius):

Bekommen wir eine andere Republik?, Stuttgart 1978
Bürgerfreiheit gegen Obrigkeitsstaat, Stuttgart 1979
Wer macht unsere Zukunft? Sind wir nur Marionetten?, Stuttgart 1980
Frieden retten - Frieden stiften, Stuttgart 1981
Frieden - Aufgabe der Deutschen, Stuttgart 1982
Recht zum Widerstand, Stuttgart 1983
Bürgerrechte 1984, Stuttgart 1984
Zukunftschancen suchen, Stuttgart 1985

Eine Bürgerrechtsorganisation im Geiste Gustav Heinemanns

Im Jahre 1978 gründeten Persönlichkeiten aus Politik, Kirchen und Gesellschaft die parteipolitisch unabhängige Gustav-Heinemann-Initiative (GHI), um »für die Erhaltung eines freiheitlichen Grundklimas in der Bundesrepublik einzutreten und Fragen aufzugreifen, die von grundsätzlicher Bedeutung sind, die aber innerhalb des derzeitigen Parteienspektrums nicht oder nicht deutlich genug aufgreifbar und durchsetzbar sind.«

Die GHI will im Sinne Gustav Heinemanns politisch tätig werden: »Wie er, sieht unsere Initiative das Grundgesetz der Bundesrepublik als großes geschichtliches Angebot. Es kann helfen, uns von den verhängnisvollen Traditionen deutscher Vergangenheit abzuwenden und eine demokratische Gesellschaft mündiger Bürger aufzubauen.

'Der mündige Bürger ist zuallererst ein wacher Bürger, der nicht durch andere verwaltet oder vertreten, sondern der mitbestimmend und mithandelnd dabeisein will.' (Gustav Heinemann am 11. Dezember 1973)

Zur Wahrung der Bürger- und Menschenrechte treten wir ein

- für einen Rechtsstaat, der die im Grundgesetz gewährleisteten Rechte und Freiheiten schützt,
- für einen Sozialstaat, der die Wahrnehmung dieser Rechte und Freiheiten allen seinen Bürgern möglich macht,
- für eine Politik, die für den Frieden mit unseren Nachbarn in Ost und West auch Opfer zu bringen bereit ist,
- für die Sicherung unserer natürlichen Lebensgrundlagen, für eine Politik, die den armen Völkern die Chance eigenständiger Entwicklung gibt,
- für die Unantastbarkeit der Würde des Menschen auch im Strafrecht und Strafvollzug.

Die Gustav-Heinemann-Initiative ist der Überzeugung, daß die Grundrechte nur verwirklicht werden und bleiben, wenn sie im Bewußtsein der Bürger lebendig sind und täglich neu verteidigt werden. Sie will nicht die Aufgaben der politischen Parteien übernehmen, sie will vielmehr in die Gesellschaft und damit in die Parteien wirken und notwendigen Veränderungen zum Durchbruch verhelfen.«

Die GHI veranstaltet seit 1978 zum Verfassungstag ihre Jahrestagungen in Rastatt:

1978 - »Bekommen wir eine andere Republik?«
1979 - »Bürgerfreiheit gegen Obrigkeitsstaat«
1980 - »Wer macht unsere Zukunft? Sind wir nur Marionetten?«
1981 - »Frieden retten - Frieden stiften«
1982 - »Friedensaufgaben der Deutschen«
1983 - »Recht zum Widerstand«
1984 - »Bürgerrechte 1984«
1985 - »Zukunfts-Chancen suchen«

In der ganzen Bundesrepublik und in West-Berlin gibt es Regionalgruppen der GHI. Die Arbeit der als Verein organisierten Initiative wird von der jährlichen Mitgliederversammlung und von einem Beirat zur Beratung des Vorstandes, dem vor allem Vertreter der Regionalgruppen angehören, im Grundsatz bestimmt oder beraten.

Der Verein wird von einem fünfköpfigen Vorstand, dem zur Zeit Erhard Eppler, Ulrich Finckh, Brigitte Gollwitzer (Sprecherin), Horst Krautter (ehrenamtliche Geschäftsführung) und Heinz Recken angehören, geleitet.

Anfragen zur Arbeit der GHI und zur Mitgliedschaft können an das Sekretariat gerichtet werden; Kontaktadresse: Belaustraße 23, 7000 Stuttgart 1.